Les Prophéties de Sanctus Germanus

Tome 3

Ensemencer la conscience de masse pour guérir le corps mental de la Terre

Michael P. Mau
L'Amanuensis

La Fondation Sanctus Germanus
www.sanctusgermanus.net

©Copyright Mondial 2011, La Fondation Sanctus Germanus. Tous droits réservés.

La Fondation Sanctus Germanus revendique le droit d'être identifiée comme le représentant officiel de l'auteur en accord avec le « Copyright, Designs, and Patents Act » de 1998. Aucune partie de cet ouvrage ne peut être reproduite, emmagasinée ou introduite dans un système de récupération, ou transmise, sous n'importe quelle forme, ou par n'importe quel moyen (électronique, mécanique, photocopie, enregistrement ou autre) sans l'autorisation écrite préalable de l'éditeur. Toute personne posant un geste non autorisé en relation avec cet ouvrage peut être susceptible de poursuites criminelles et de réclamations civiles quant aux dommages.

Pour vous procurer des copies supplémentaires de cet ouvrage, visitez, s'il vous plaît:

www.sanctusgermanusbooks.com

Données de catalogage avant publication – Bibliothèque et Archives Nationales du Canada
Mau, Michael P.
Les Prophéties de Sanctus Germanus Tome 3: Ensemencer la conscience de masse pour guérir le corps mental de la terre/ par Michael P. Mau. – 1ère édition
ISBN 978-0-9784835-9-3

1. Vingt-et-unième siècle – Prévisions. 2. Mouvement du Nouvel Âge d'Or.
I. Fondation Sanctus Germanus. II. Titre.

Traduction de l'anglais par Alain Jacquemain. Révision de texte, Karin Rodriguez et Raphael Vanier
La Fondation Sanctus Germanus
Division de l'Édition
Alberta, Canada

Table des Matières

Prologue 9
Chapitre 1 La bataille du plan astral se manifeste sur la terre 13
Accélération en cours 13
Aucune réduction à l'accélération 15
La loi cosmique de Périodicité 16
Ajustement karmique mondial en fin de cycle 17
Aucun retour 22
Cour de récréation financière 22
Le sable mouvant astral sous-tend cependant le système financier 24
Stratégie de la terre brûlée 26
Réserves en or et argent des Forces des Ténèbres 31
Collusion des Gouvernements avec les Forces des Ténèbres 32
Les bureaucraties gouvernementales luttent pour survivre 34
David et Goliath 37
Le karma mondial mène à un scénario de guerre 37
Les objectifs de guerre des Forces des Ténèbres 38
Libération du karma négatif 39
Choix de l'humanité 42
L'alternative de la Hiérarchie Spirituelle 43
Entre le marteau et l'enclume 43
La carte atout 44
Un mot pour les sages 47
Points d'insurrection et révolte à venir 49
Vigilance et perspicacité nécessaires 50
Conclusion 52

Chapitre 2 Refuges d'Espoir dans la Tourmente . 53
Le Plan Divin pour la Quatrième Ronde 54

La Cinquième Sous-Ronde de la Quatrième Ronde .56
Les localisations des Régions Spirituelle...................57
Les Régions Spirituelles ne sont pas semblables 58
Peuplement des Régions Spirituelles........................59
Migration inconsciente et migration consciente......60
Les lois cosmiques d'attraction et de hiérarchie 62
Principe directeur: contact avec l'âme 64
Fonctions de base des Régions Spirituelles..............65
Le rôle de la Hiérarchie Spirituelle 66
Préservation des archives exotériques et ésotériques
....67
Diffusion des enseignements de la Fraternité..........68
Libérer les Régions Spirituelles et créer de nouveaux
  modèles de civilisation..68
  Énergie gratuite..70
  La monnaie locale d'or et d'argent........................71
  Imposition...75
  Santé...76
  Éducation des enfants de la Sixième Race Racine 76
Survivre aux inondations..78
Monades des Pitris lunaires 78
Population de traînards 80
Nature variée des populations survivantes.............82
Dirigeants parmi les Monades de Pitris lunaires....85
Conclusions 85

Chapitre 3 Guérison du corps mental terrestre 87
Loi cosmique de la destruction.................................88
Transmuter la forme concrète 89
Détachement de la matière dense 89
Changement d'origine racial 90
Transmutation accélérée 91
Guérison du Corps Mental 93
Les tendances vers la guérison du corps mentale de
  la terre 94
  Désensualisation..94
  Démilitarisation...96
  Démonétisation 97

Table des Matières

Dépolitisation 99
Résumés d'expression d'âme 101
Le Processus de Transmutation sous-tend tout Changement 101
Les émotions tombent sous le contrôle mental 102
Vision éthérique et véracité 103
Communication télépathique 105
Détérioration structurelle et effondrement 106
Écroulement organisationnel 109
Les médias vont se réformer 110
Systèmes médicaux réduits 110
Expansion de toutes les disciplines 111
   Psychologie 111
   Sciences biologiques 112
   L'agriculture 114
   La révolution du système d'éducation 114
   Résurgence de l'astrologie 115
Ouverture de la conscience humaine 116

Chapitre 4 Premiers pas dans la Quatrième Dimension 119
Premières notions de la Quatrième Dimension 120
Une expérience dans les sciences physiques transcendantales 120
Le sixième sens ou la clairvoyance naturelle 125
Les possibilités du sixième sens 127
Vision éthérique 128
Le Sixième Sens ou la Vision éthérique dans la Cinquième et la Sixième Race Racine 129
Emplacement de la Quatrième Dimension 131
Les indices de la Quatrième Dimension 133
Les forces de production et la construction des formes redéfinies 134
La voie dans la Quatrième Dimension 135
Conseils de la Fraternité de Lumière 137

Chapitre 5 Ensemencer la conscience de masse .. 139
Pouvoir de la pensée pour établir le changement .. 140

Ensemencer la conscience de masse 143
Invocation de lumière à l'intérieur de la conscience
de masse 143
Ce que vous pouvez faire 145
Invocation contre les Forces des Ténèbres 146
Formuler vos propres formes-pensées de vérité contre
la corruption 153
Guerriers d'un autre type 155
Pensées missiles 157
Invoquer l'aide de la Hiérarchie Spirituelle 158
Aider à la transmutation de la matière dense 159

Chapitre 6 Naviguer à travers la tourmente 161
Honorer Amon Ra et votre âme 163
L'origine du « Dieu Intérieur » 164
Le but des cinquante prochaines années 166
Contrôler votre Esprit - Le premier pas 168
Se protéger de la manipulation émotionnelle de
masse 170
Prenez le Contrôle de votre Esprit 172
Développez la capacité à vous concentrer 173
  1. Les sept inspirations et expirations 174
  2. Méditation d'ensemencement de pensée 176
  3. Pratiquez le Yoga 178
Traitement de la possession d'entité 181
  1. Faites retentir le Om et le Double Om 183
  2. Invoquez la protection de la Hiérarchie
  Spirituelle 184
INVOCATION DE PROTECTION 184
  3. Demandez une guérison télépathique 186
Créez un refuge contre la distraction 187
Appréciez le Silence 187
Musique de Fond 188
Radio d'ambiance 190
Éteignez la télévision 190
Suivre les évènements locaux et mondiaux 191
Conclusion 192

Table des Matières

Chapitre 7 Mettre en œuvre le plan de votre âme 193
S'accorder avec le plan de son Âme 193
« Cherchez et vous trouverez » 194
Méthode pour être en contact avec son âme........... 195
La méditation par l'inspiration.................................. 196
Méditation par l'inspiration dans un groupe établi 199
Lumière dans la tête 200
Développer le Discernement..................................... 200
La Voie menant à ce que l'Âme se déploie 203
Comment distinguer entre les impulsions astrales et
 les élans de l'âme 204
Dures décisions.. 209
Conseils aux jeunes adultes sur le mariage 213
Partenariats avec d'Autres.. 216
Mariage et opposition conjugale 216
Argent et sécurité 218
Tentation de commercialiser votre Plan d'Âme 219
Le retour des vendeurs du temple............................ 220
Intrusion Extra-Terrestre.. 222
Chamanisme et pratiques inspirées de la Lémurie 223
Fiabilité du Porteur de Lumière doit être prouvée 224
Davantage d'aide de votre ashram spirituel et de
 votre Maître 226

Épilogue.. 231

Les Prophéties de Sanctus Germanus Tome 3

Prologue

En mai 2002, le Mahachohan de la Hiérarchie Spirituelle, a autorisé la mise en circulation de l'information qui permet d'exposer les Forces des Ténèbres et leurs façons d'opérer dans le monde aujourd'hui. Cette information a premièrement été publiée sous le titre *Beyond Armageddon* et deux ans plus tard, sous le titre de *Les prophéties de Sanctus Germanus, Volume 1*. Les deux publications ont ensemencé la conscience de masse avec de l'information au sujet des Forces des Ténèbres, qui graduellement s'est enracinée parmi les penseurs du monde, non pas comme une autre théorie de conspiration, mais comme une explication logique de la chaîne d'événements qui conduiraient à la crise financière mondiale de 2007-2012. D'ici 2012, ces révélations au public au sujet des Forces des Ténèbres devraient être complétées et tous connaîtront d'une manière ou d'une autre comment elles ont réussi à contrôler le monde à travers leurs systèmes financiers et bellicistes.

A suivi ensuite le Tome 2 des Prophéties de Sanctus Germanus qui a exposé un large scénario d'événements qui s'abattraient sur la terre pendant ce temps, en accord avec l'actuel cycle sidéral décroissant de 26 000 ans. Les deux volumes continuent d'ensemencer la conscience de masse.

Nous sommes entrés maintenant dans la partie la plus difficile de clôture de ce cycle, alors que les Forces des Ténèbres accroissent leurs activités bellicistes dans le but de survivre. L'humanité connaîtra le stress d'une économie mondiale qui s'engloutie et pourrait consentir à nouveau à une autre guerre générée par les Forces des Ténèbres pour résoudre la dépression économique mondiale. Choisir entre une autre conflagration mondiale et une misère économique soutenue, placera l'humanité devant un dilemme moral majeur et déterminera la réponse de l'Hiérarchie Spirituelle. Est-ce que le monde aujourd'hui prendra une voie similaire à celle que l'Atlantide avait choisie?

Même si leurs activités et institutions à basse vibration s'écrouleront, les Forces des Ténèbres ne sombreront pas sans lutter: une bataille royale entre lumière et ombre est à l'horizon. Mais, il est clair que l'humanité a aussi choisi la voie la plus difficile de souffrance au lieu de se lever sur tous les fronts contre les Forces des Ténèbres. Ainsi soit-il. Aussi longtemps que la purification puisse durer, nous pouvons nous réjouir que la guérison des corps mentaux de l'humanité puisse s'achever dans la foulée.

Pour affermir le pont du côté de la lumière, une vague de porteurs de lumière s'est incarnée sur terre durant cette époque pour contrebalancer la négativité que les Forces des Ténèbres ont accumulée pendant des siècles. Beaucoup apportent avec eux l'expertise et les talents nécessaires pour aider l'humanité à traverser ces temps difficiles. Toutefois, la plupart restent encore endormi et la Hiérarchie Spirituelle peut seulement espérer que les tensions de l'époque les réveilleront pour reprendre la croix et remplir leur mission.

Dans ce Tome 3, nous projetons ce que nous croyons qui prendra place dans les cinq prochaines décennies. Il est à espérer que dès avant 2050 et jusqu'à 2060 environ, la terre sera bien sur la voie de retrouver son équilibre après un assainissement majeur. Nous offrirons de simples conseils aux porteurs de lumière et au public croissant des esprits ouverts sur comment surmonter cette période d'agitation et naviguer à travers. Nous nous inspirerons de la Sagesse Ancienne qui a été mise en avant pour que le genre humain la comprenne, l'utilise par delà les siècles et l'applique dans la situation actuelle.

Prendre cette guidance à cœur est un choix individuel personnel. Nous la posons ici devant vous dans l'esprit de vous offrir matière à réflexion durant cette période de grand tumulte.

Chapitre 1
La bataille du plan astral se manifeste sur la terre

Ce qui est apparent NE L'EST PAS, *ce qui n'est pas apparent L'EST.* Sanctus Germanus

Le champ de bataille du plan astral s'est maintenant clairement manifesté sur le plan terrestre. La résistance des Forces des Ténèbres a été solide mais la réaction du genre humain trop faible pour l'emporter. Tous les gouvernements, y compris ceux démocratiquement élu, ont dévoilés leurs mandats cachés comme intermédiaires des Forces des Ténèbres. Sans la moindre honte, ils s'associent ensemble, entre eux pour maintenir leur poigne sur l'humanité et supprimer les droits humains individuels, pour eux-mêmes se préserver. Ce mépris des forces cosmiques purifiantes est arrivé trop souvent pendant le voyage évolutif du genre humain et le monde aujourd'hui s'apprête à répéter celui des antiques civilisations submergées de Lémurie et d'Atlantide.

Accélération en cours

Dans le volume 1 des « Prophéties de Sanctus Germanus », nous signalions que notre système solaire était entré dans la ceinture de photons et devrait supporter une longue période de vibrations toujours croissante que nous appelons accélération. La preuve scientifique de cette accélération est évasive bien que chacun aujourd'hui la ressente principalement manifestée dans le passage rapide du temps. Par cette inférence, nous reconnaissons être au milieu de l'accélération et en observant nos propres sociétés, nous pouvons voir que les évènements y sont barattés à allure rapide et que tous nous expérimentons des bouleversements dans nos vies.

L'accélération sert comme filtrage massif et processus de nettoyage pour séparer le bien du mal à tous les niveaux de l'existence humaine. Que nous soyons prêts où pas, elle se fait en force et toujours en vitesse croissante. Personne ne peut y échapper comme aussi elle rend fou ceux-là qui vivent dans des vibrations inférieures. Les gros titres des journaux crient au choc des atrocités que les individus commettent les uns envers les autres. Des guerres régionales jusqu'à nos intimes communautés de chambre à coucher, la folie a prit le dessus.

L'accélération déshabille chaque chose de toute fausseté où prétention et met à nu la vérité de toutes les questions. Les actions secrètes qui ne servent pas l'humanité, des citoyens ordinaires aux leaders des plus hauts niveaux de pouvoir, sont exposées souvent de la plus publique et embarrassante manière. Nous sommes témoins de bandes de politiciens malhonnêtes faisant publiquement des excuses pour des écarts de conduite où des flagrants délits à l'encontre de leurs propres électeurs. Les P-DG du secteur financier qui sont taillés de gauche comme de droite ne servant pas les intérêts de l'humanité, sont sommairement éliminés. Même les gourous colportant des enseignements spirituels dans de coûteux et puissants séminaires sont exposés. À la maison et parmi les amis, ceux qui se cachent derrière la prétention fausse et les identités s'exposent par leurs actions. Ces temps sont juste le début de l'Âge de la Vérité.

Aucune réduction à l'accélération

Ce que nous devons comprendre, c'est qu'il n'y aura aucune réduction à l'accélération toujours croissante pour les siècles à venir. L'accélération garantit le mouvement vers l'avant de l'évolution du genre humain; du plan physique jusqu'aux êtres spirituels les plus lumineux. Aucun homme, aucun gouvernement ni organisation- en cela, y compris les Forces des Ténèbres - ne peut l'arrêter. Ces pourraient être capables de ralentir l'élan vers l'avant mais elles ne peuvent empêcher l'inévitable. Si elles réussissent, le trop plein d'énergie accumulé derrière le barrage au changement se déversera en évènements des plus catastrophiques qui imposeront l'avancée du déroulement par des actions détonantes. Donc, regarder avec nostalgie vers les temps anciens et espérer le retour à ce qui était d'usage va s'avérer improductif.

Pour ceux qui brûlent de voir l'aube du Nouvel Age, l'accélération n'avance pas suffisamment vite. Et s'ils doivent d'eux-mêmes beaucoup sacrifier pour que le processus s'engage plus rapidement alors ils seront prêts à lâcher tout ce qu'ils ont et à s'en remettre aux énergies, coopérant avec leur flux. Ils sont encore dépassés en nombre cependant par ceux qui s'accrochent aux icônes et aux avoirs de la civilisation présente. Mais s'ils ne se laissent pas aller, ils ne pourront survivre à la clôture du cycle actuel. Ceux qui coopèrent avec les changements, servant l'humanité du mieux qu'ils peuvent, survivront.

La loi cosmique de Périodicité : la nature irrésistible des cycles

L'accélération coïncide avec l'inévitable déclin d'un cycle majeur. Tous les phénomènes sur la terre et dans l'univers agissent en cycles. De la seconde à la minute, l'heure, le jour, la semaine, le mois, l'an, la décennie, le siècle, le millénaire, les éternités, les manvantaras, yugas etc., nous nous déplaçons en cycles. Comme nous l'avons expliqué dans le Tome 2 des « Prophéties de Sanctus Germanus », nous arrivons à la fin d'un cycle de 26.000 années connu comme la précession terrestre ou la Grande Année. Il se déroule conformément à la loi cosmique.

Tous les cycles croissent et décroissent, et la terre doit nettoyer tout ce qui ne sert pas l'humanité à se préparer pour le prochain cycle. Dans le stade final de la Grande Année, existent de multiples mini-cycles qui tous incarneront leurs caractères sur la grande scène finissante. Ils représentent des hauts et des bas émotionnels, l'alternance du pessimisme et de l'optimisme dans les populations, la volatilité des marchés et l'instabilité générale de tout ce qui a été pris pour acquis; le tout survenant à mesure que le grand cycle global tire à sa fin.

A l'intérieur de chaque cycle plusieurs choix sont posés, les deux principaux d'entre eux sont : 1°) coopérer avec le cycle et permettre le nettoyage où ; 2°) combattre le cycle et empêcher le nettoyage. Ce dernier est ce que font les terriens actuellement.

La connaissance Divine et la sagesse voudraient avoir terminé ce cycle dès que possible tandis que les Forces des Ténèbres et les instincts de conservation de l'humanité le feraient se prolonger indéfiniment. Ce n'est pas possible car le cycle tombe sous la loi irrépressible et doit être achevé dans le cadre du temps cosmique.

Ajustement karmique mondial en fin de cycle

Un ajustement majeur du karma mondial coïncide également avec le cycle déclinant et l'accélération. L'humanité en général a succombé facilement, offrant peu de résistance à la propagande des Forces des Ténèbres pour un régime d'argent frauduleux et a pris part au bellicisme comme le firent tant de suiveurs apathiques. En conséquence, beaucoup de karma négatif s'est accumulé alors même que des violations des lois comiques se commettent à chaque seconde.

Soixante années après la fin de la seconde guerre mondiale, les énergies sur la terre restent tordues, cataloguées fortement du côté de la négativité. Toutes sortes de crimes abominables contre l'humanité, le vol invraisemblable commis par l'invisible main d'une inflation fabriquée et l'appauvrissement des populations dû à une mauvaise répartition des ressources sont seulement quelques unes des actions ayant provoqués ce déséquilibre.

Surtout, presque chaque année depuis la fin

officielle de la seconde guerre mondiale, une certaine forme de guerre pour-du-bénéfice a lieu afin de maintenir constant le bourdonnement de l'industrie de l'armement. Ci-dessous, une liste des conflits qui démontre l'ampleur des activités des fauteurs de guerre et de leurs victimes comptées depuis l'après seconde guerre mondiale; activités bellicistes dont chacune a contribué au grand déséquilibre karmique de la planète :

1946-49: guerre civile en Chine (1,2 million)
1946-49: guerre civile en Grèce (50.000)
1946-54: guerre franco-vietnamienne (600.000)
1947: partition de l'Inde et du Pakistan (1 million)
1947: soulèvement de Taïwan contre le Kuomintang (30.000)
1948-58: guerre civile en Colombie (250.000)
1948-53: guerres israélo-arabes (70.000)
1949: Musulmans indiens contre Hindous (20.000)
1949-50: Chine continentale contre Tibet (1,2 million)
1950-53: guerre de Corée (3 millions)
1952-59: insurrection Mau Mau au Kenya (20.000)
1954-62: guerre franco-algérienne (368.000)
1958-61: "le grand bond en avant" de Mao (38 millions)
1960-90: Afrique du Sud contre ANC, Congrès National Africain (nombre de morts inconnus)
1960-96: guerre civile au Guatemala (200.000)
1961-68: Indonésie contre Ouest Papa/Iran (100.000)
1961-68: Kurdes contre Irak (180.000)
1962-75: Mozambique Frelon contre Portugal (nombre de morts inconnus)
1964-73: guerre américanisé-vietnamienne (3 millions)
1965: seconde guerre inde-pakistanaise à propos du Cachemire

Ch 1 La bataille du plan astral se manifeste sur la terre

1965-66: guerre civile en Indonésie (250.000)
1966-69: "Révolution culturelle" de Tao (11 millions)
1966: guerre civile en Colombie (31.000)
1967-70: guerre civile Nigeria-Balafra (800.000)
1968-80: guerre civile en Géodésie (nombre de morts inconnus)
1969: Philippines contre NPA, Nouvelle Armée du Peuple (40.000)
1969-79: Ida-Min, Ouganda (300.000)
1969-02: IRA-Irlande du nord, guerre civile (2.000)
1969-79: Franciscaine Mafias Mangue, Guinée Équatoriale (50.000)
1971: guerre civile Pakistan-Bangladesh (500.000)
1972: Philippines contre séparatistes musulmans (Front libération Mauro Islamique), (120.000)
1972: guerre civile au Burundi (300.000)
1972: Rhodésie/Zimbabwe guerre civile (30.000)
1974-91: guerre civile en Éthiopie (1 million)
1975-78: Mengistu, Éthiopie (1,5 million)
1975-79: Khmers rouges, Cambodge (1,7 million)
1975-89: Boat people, Vietnam (250.000)
1975-90: guerre civile au Liban (40.000)
1975-87: guerre civile au Laos (184.000)
1975-2002: guerre civile en Angola (500.000)
1976-83: régime militaire argentin (20.000)
1976-93: guerre civile au Mozambique (900.000)
1976-98: guerre civile au Timor Oriental, Indonésie (600.000)
1976-2005: guerre civile Indonésie-Aceh (GAM) (12.000)
1977-92: guerre civile au Salvador (75.000)
1979: guerre Vietnam-Chine (30.000)
1979-88: l'Union Soviétique envahit l'Afghanistan (1,3 million)
1980-88: guerre Iran-Irak (1 million)
1980-92: Sentier Lumineux, guerre civile au Pérou (69.000)

1980-99: Kurdes contre Turquie (35.000)
1981-90: Nicaragua contre les Contras (60.000)
1982-90: Hissène Habre, Tchad (40.000)
1983-: guerre civile au Sri Lanka (70.000)
1983-2002: guerre civile au Soudan (2 millions)
1986-: guerre civile au Cachemire indien (6.000)
1987-: Intifada en Palestine (4.500)
1988-2001: guerre civile en Afghanistan (400.000)
1988-2004: guerre civile en Somalie (550.000)
1989-: guerre civile au Liberia (220.000)
1989-: Ouganda contre LRA (armée de la résistance du Seigneur) (30.000)
1991: guerre du Golfe - large coalition contre l'Irak pour libérer le Koweït (85.000)
1991-97: guerre civile au Congo (800.000)
1991-2000: guerre civile en Sierra Leone (200.000)
1991-2009: guerre civile Russie-Tchétchénie (200.000)
1991-94: guerre civile au Tadjikistan (50.000)
1992-96: guerres yougoslaves (260.000)
1992-99: guerre civile en Algérie (150.000)
1993-97: guerre civile Congo Brazzaville (100.000)
1993-2005: guerre civile au Burundi (200.000)
1994: guerre civile au Rwanda (900.000)
1995-: Pakistanais sunnites contre chiites (1.300)
1995-: rébellion maoïste au Népal (12.000)
1998-: guerre Congo/Zaïre - Rwanda et Ouganda contre Zimbabwe, Angola et Namibie (3,8 millions)
1998-2000: guerre Éthiopie-Érythrée (75.000)
1999: guerre de libération du Kosovo - OTAN contre Serbie (2.000)
2001-: guerre de libération de l'Afghanistan - EU & GB contre les Talibans (40.000)
2002-: guerre civile en Côte d'Ivoire (1.000)
2003: seconde guerre Irak-EU -États Unis, Grande Bretagne, Australie contre Saddam Hussite (14.000)
2003-: Soudan contre JEM/Darfour (200.000)

Ch 1 La bataille du plan astral se manifeste sur la terre

2003- : guerre civile en Irak (60.000)
2004- : Soudan contre SPLM & Érythrée (nombre de morts inconnus)
2004- : Yémen contre musulmans chiites (nombre de morts inconnus)
2004- : Thaïlande contre musulmans séparatistes (3.700)

Guerres arabe-israéliennes
I (1947-49) : 6.373 israéliens et 15.000 arabes
II (1956) : 231 israéliens et 3.000 arabes
III (1967) : 776 israéliens et 20.000 arabes
IV (1973) : 2.688 israéliens et 18.000 arabes
Intifada I (1987-92) : israéliens et 1000 palestiniens
Intifada II (2000-03) : 700 israéliens et 2000 palestiniens
Guerre Israël-Hamas (2008) : 1300 palestiniens

A moins d'avoir été impliqué directement dans n'importe laquelle de ces guerres, la plupart des lecteurs ont probablement peu où pas de souvenirs de tous ces conflits. Les Forces des Ténèbres ont appris à manigancer ces guerres lucratives de façon à ce qu'elles ne gênent pas les populations du monde, cependant le déroutage des ressources terrestres vers la production d'armes et de matériel militaire aboutit à une incorrecte répartition des richesses sur cette planète où les masses vivent dans la pauvreté et où quelques uns bénéficient de vies relativement confortables. Les mouvements pacifistes en grande partie financés par les Forces des Ténèbres ont naturellement échoué à empêcher les Forces des Ténèbres de faire la guerre pour du profit. Il n'est pas étonnant qu'après tant de guerres lucratives fomentées impliquant des milliers de morts, un rééquilibrage karmique soit dû à hauteur de la somme d'apathie manifestée par la population mondiale. Qui devra payer pour ce rééquilibrage karmique? L'humanité elle-même d'où la souffrance à venir quand les Forces des Ténèbres quitteront le plan terrestre.

Aucun retour

Comme le calendrier cosmique est périmé, ceux qui se languissent après les bons vieux jours où dans l'espoir que les choses reviennent à leur cours normal seront les premiers à être balayé quand la confusion augmentera. Ceux qui coopèrent avec les changements et prennent les actions appropriées pour ajuster leur style de vie, même si cela signifie se déraciner d'une existence sûre et confortable, survivront à la convergence de ces facteurs cosmiques. Pour les autres qui n'optent pas pour un changement, la survie n'est pas un problème ; ils pourront toujours se réincarner pour continuer leur voyage d'évolution dans un autre contexte. Que nous réchappions de cette transition ou pas, nous finirons tous au même point d'évolution un jour. Ainsi, comment nous agirons dans les prochaines années de trouble est purement question de choix.

Cour de récréation financière

C'est dans l'arène internationale que les Forces des Ténèbres semblent être déconnectées du reste de la planète...c'est à dire, jusqu'à ce que les choses commencent à s'effondrer alors elles auront besoin de plus d'argent.

Quatre-vingt-dix-neuf pourcent virgule neuf (99.9%) de la population mondiale ne se rend pas compte que des billions de dollars circulent autour du monde en milliseconde servant les intérêts

Ch 1 La bataille du plan astral se manifeste sur la terre

d'une petite clique de financiers et de politiciens de gouvernements. Des systèmes d'ordinateurs sophistiqués négocient des milliards d'actions en millisecondes fondant au travers des marchés financiers internationaux et capturant les profits de milliards de transactions au millième de seconde. C'est ainsi que les géantes banques d'investissement empochent des milliards de bénéfice pendant que le monde se déchire dans une souffrance économique et que des millions de personnes ont quotidiennement faim.

Les banques centrales de cette planète manipulent constamment les taux d'intérêts ainsi sur un côté du globe, ils restent inférieurs à l'autre côté. L'argent coule de zones à faible taux d'intérêts vers des zones de plus haut taux d'intérêts, obtenant aisément un bénéfice réalisé sur la différence sans aucun examen public soigné. Les fonds de placement à risque étant conçu dans l'intérêt des banques centrales des Forces des Ténèbres et des agences gouvernementales, agissez comme ces mandataires qui appliquent ce jeu des taux d'intérêts appelé par euphémisme « le commerce auto-porteur ». Le plus lucratif a été "le commerce autoporteur japonais où pendant plus d'une décennie les investisseurs empruntaient là à des taux très bas pour ensuite placer leur argent dans des instruments financiers producteurs de plus haut intérêts aux État-Unis et en Europe. Les banques déplacent juste l'argent d'une poche à une autre, gagnant au passage des milliards sans produire un seul gadget.

Tel le dragon de la bible à la tête de l'hydre, qui repousse une fois coupée, à peine ce commerce auto-porté était-il démaillé en 2007 qu'il resurgissait dans d'autres régions du monde. Cette fois les États-Unis prirent l'initiative au départ du Japon considéré comme source d'argent bon marché destiné à être risqué en d'autres pays à plus haut rendement. De nouveau, ces échanges portant sur milliards de dollars ont lieu dans un monde financier international merveilleux pendant que s'installe une grande détresse dans la population mondiale.

L'énorme marché des produits dérivés négocié à la fois publiquement et dans la confidentialité est devenu un des composants majeurs de cette aire de jeux financiers. Il est dit que les grandes banques d'investissement possèdent 94% des produits dérivés existants. Gonflée jusqu'à une somme anormale de 750 billions de dollars où 750.000 milliards, l'implosion de ces dérivés servira de dernier clou pour clouer le cercueil des Forces des Ténèbres. C'est le dragon enflé dont il est fait mention dans le Livre des Révélations, et comme «humpty dumpy», personnage éponyme d'une comptine anglaise, il tombera du mur et dégringolera sous peu. Quand cette charade monétaire s'écroulera, emportant avec elle, les monnaies papier du monde entier, l'humanité redécouvrira que la vie continue sur la planète comme si les produits dérivés n'avaient jamais existés, et l'humanité s'adaptera à la réintroduction de l'or et de l'argent comme moyen d'échange monétaire.

Le sable mouvant astral sous-tend cependant le système financier

L'entièreté du système économique et financier est fondée sur les désirs et les besoins de

Ch 1 La bataille du plan astral se manifeste sur la terre

l'humanité. Il est constitué de matière mentale inférieure et astrale. La matière astrale donne forme aux désirs et besoins humains tandis que la matière mentale inférieure se manifeste tels l'ordinateur sophistiqué et les systèmes d'échanges inventés par le cerveau humain pour assurer une emprise totale sur les finances de la terre. Elle se manifeste également à travers les grandes constructions, tours bancaires et buildings gouvernementaux qui procurent cette impression de stabilité et de solidité. Cependant le soubassement de ces inattaquables forteresses est très précaire, échafaudé à partir de besoins, désirs, caprices astraux. C'est la fondation astrale sur sable mouvant à partir de laquelle l'empire de la Force Sombre s'est construit.

Pour nourrir ce système, les Forces des Ténèbres ont inventé tous les moyens imaginables pour stimuler les émotions qui ancrent l'humanité dans un monde de désir sans cesse croissant pour des objets rêvés. Le grand besoin d'acheter, de satisfaire tout particulièrement des manques émotionnels a dirigé notre monde pendant des décennies. Cela est appelé par euphémisme « dépense de consommation ». Quand les désirs risqueront d'être étouffés par manque d'argent, les Force Sombres ré-alimenteront le système avec d'énormes montants de crédit électronique qui prendront la forme de carte de crédit, de prêts domestiques équitables, d'emprunts à l'achat de voitures et de prêts à la consommation. Alors quand le consommateur ne pourra plus rembourser à terme crédit et intérêt, le système commencera à s'effondrer. C'est là où nous en sommes arrivés aujourd'hui. A partir de là, où doit-on aller? Nos leaders préconisent davantage de crédit comme solution. Mais même des montants massifs et imposants de crédit électronique ne peuvent arrêter une fin de cycle cosmique!

Ajouté à cela, l'accélération. Elle gronde sur le plan astral de la terre et par conséquence sur ses plans éthériques et physiques. La suffisance à l'œuvre dans nos corps astraux. L'humanité et ses marchés sont balayés d'un bout à l'autre du spectre émotionnel et les tremblantes fondations des systèmes bancaires et financiers mondiaux commencent à s'ébranler et a finalement se désagréger. Voilà pourquoi le système est destiné à être aspiré dans les sables et renversé.

Stratégie de la terre brûlée

Parcourant ces sables rapides astraux du désir et des manques, les Forces des Ténèbres sont conscientes que leur terrain de jeux financiers est sur le point d'être fermé. Les magiciens noirs à leur service peuvent aussi prévoir la fin du cycle sidéral et comprendre comment l'accélération montante peut agacer leur système. Ce sont des faits cosmiques indéniables. Ainsi ont-elles adoptés la stratégie de la terre brulée: si elles tombent, elles entraîneront avec elles toute l'humanité. Une telle stratégie présage une lutte de longue haleine; il en résultera d'important « dommages collatéraux » pour l'humanité.

Les Forces des Ténèbres et leurs magiciens noirs prétendent qu'elles ont les moyens d'altérer les cycles cosmiques de la terre et d'interférer avec les changements géologiques de sa structure. Elles proclament aussi posséder tout autant de pouvoir que les forces de lumière de la Hiérarchie Spirituelle. Cette fanfaronnade reste à être confirmée dans l'action et démontre à suffisance leur haut niveau de résistance aux influences cosmiques; ce à quoi nous pouvions nous attendre venant d'eux.

Ce qu'elles contrôlent et manipulent sont leurs propres inventions : le marché mondial des titres et valeurs, les produits d'échange, le marché des ventes d'obligation, et les marchés publics et privés des produits dérivés. Elles maîtrisent aussi l'écran de fumée, les masses média qui sont comme le tableau de contrôle du plan astral de la terre au départ duquel elles manœuvrent les corps émotionnels des populations mondiales.

Au travers des média de masses, les Forces des Ténèbres contrôlent les humeurs psychologiques des masses en leur peignant des tableaux optimistes élaborés pour amener des investisseurs à risquer encore plus d'argent dans les marchés. Quelques miettes lancées sur leur chemin et nombre d'investisseurs se ruent, se jettent dessus. Une fois l'argent investit, les Forces des Ténèbres peuvent renverser l'orientation des marchés et récolter à l'intérieur des sommes considérables par le truchement de leur investissement contrariant.

Elles ont conçu les marchés de telle manière qu'ils leur rapportent à tout les coups, autant à la montée des cours qu'à la baisse. Observant qu'un grand nombre d'actionnaires spéculent sur la montée des cours, elles écrasent le marché vers la chute et raflent au passage l'argent parié par les actionnaires. En contrôlant toutes les indications des marchés, elles 'gagnent' des deux côtés. Et grâce au refrain choral seriné par les média, elles peuvent obtenir des actionnaires se risquant dans chaque orientation. Les Forces des Ténèbres prendront toujours des positions opposées à celles des investisseurs mondiaux pour moissonner à profit dès qu'elles le veulent. Même les plus experts en technique et analyse de marchés ne peuvent précisément prédire les caprices de ceux qui contrôlent la finance car ils restent encore bercés par l'illusion que des puissances respectueuses du libre marché sont derrière les marchés financiers. C'est un jeu de manipulation psychologique où les Forces des Ténèbres maîtrisent et utilisent « l'instinct grégair » du genre humain pour leur seul bénéfice.

Comme si faisant un pied de nez au monde souffrant des effets d'une crise sans précédent, les agents des Forces des Ténèbres, le grand capital, les grands investisseur et les banques d'affaire continuaient de vider les marchés dérivés pour d'obscènes profits. Elles sont retournées à l'auge même après la crise de 2007à 2008. Maintenant à hauteur des fonds obtenus grâce à la connivence des gouvernements, elles spéculent de plus belle autour des produits dérivés associés aux nourritures de base des populations tels que le riz, le blé, le soja, et le maïs faisant comme si ces denrées existaient au pays des merveilles financier sur une autre planète. Elles jouent pareil avec les produits dérivés essentiels de l'énergie sur le marché des matières premières dans les secteurs du gaz naturel, du pétrole, et même des sources d'énergie alternative, comme si elles étaient complètement détachées du genre humain, portant les prix hors de portée des simples citoyens et causant des torts indicibles à la population. Leur mépris total pour les conséquences sociales de leurs actes ne fait que renforcer notre réflexion suggérant que les Forces des Ténèbres sont les renvois sur terre d'âmes non-évoluées.

Les tendances cosmiques présagent la destruction des Forces des Ténèbres. Leurs agents, l'industrie bancaire savent que le système bancaire est insolvable et irrécupérable. Comme des rats quittant un navire en perdition, les conseils d'administration, leurs chefs de direction et le personnel exécutif de haut niveau tentent de soutirer chaque penny du navire en train de couler. Les scandaleuses primes de direction sont une indication de cette politique de sortie. Comme leur cupidité, leur panique et leur désespoir s'accroissent, tout semblant de morale fondamentale par exemple « Tu ne voleras pas » est effacé de leur conscience.

Comme Lucifer errant qui au mépris de la Hiérarchie Spirituelle choisit la voie des ténèbres, les Forces des Ténèbres restent conscientes de la présence constante d'une Hiérarchie Spirituelle gouvernante considérant de haut leurs actes. Déjà au grand mépris des lois cosmiques et de l'examen de la Hiérarchie, elles se mirent à pratiquer leur stratégie de la terre brulée. L'acquiescement de l'humanité les a enhardis.

Chaque bataille se joue en mini-cycles. Après chaque crise, les sables mouvants de la panique, des peurs, des besoins et des désirs s'affaissent temporairement jusqu'à ce que l'accélération à nouveau trouble le plan astral dans tous les marchés. C'est un test d'endurance: d'un côté la Hiérarchie Spirituelle avec l'énergie cosmique sans limite et de l'autre les Forces des Ténèbres avec leur avidité matérielle et avec l'argent. En fin de compte, les énergies des plus hautes forces craqueront le contrôle que les Forces des Ténèbres ont de leurs marchés d'autant que déjà ils leur échappent à chaque vague d'accélération. Jusqu'à présent, elles ne sont guère prêtes à renoncer. Elles ont prévus ce qu'il faut faire quand le monde est financièrement et économiquement à genoux et qu'il se prépare venant du public des menaces d'insurrection et de révolte.

La propagation de maladies fabriquées par des gouvernements est déjà en chemin. Le virus HIV du Sida en est un bon exemple. D'autres pandémies telle la panique organisée autour du SAR ont échoués a se matérialiser mais des mesures plus draconiennes sont prévues. Cette fois les agents de la santé acquis aux Forces des Ténèbres intensifierons des tactiques d'alarme pour paniquer le public afin de le contraindre à accepter la vaccination de masse. En imposant la vaccination à une population moutonnière, les Forces des Ténèbres planifient d'étendre plutôt que d'arrêter les épidémies.

Chaque vaccin sera chargé, non de l'antidote de la pandémie ciblée mais avec plus d' «incurables» maladies qui pourront s'épanouir dans les conditions des pandémies qu'elles tentèrent d'implanter. Les personnes vaccinées serviront de vivants vecteurs des maladies pour infecter les populations avec lesquelles elles entreront en contact. L'imagination peine a se représenter les ravages que les pandémies qui s'en suivront, causeront au monde.

L'objectif étant de réduire la population mondiale à un nombre maniable. L'explosion démographique galopante de la planète au cours des deux derniers siècles a rendu pratiquement impossible aux Forces des Ténèbres de pouvoir mettre sous contrôle la population mondiale.

Des populations affamées, atteintes par la pauvreté sont plus facilement gérées que des populations riches, ainsi une pandémie dans un pays pauvre n'aura pas le même impact, les mêmes effets dans une nation d'abondance où l'opposition peut facilement s'exercer a partir d'un public éduqué.

Les réserves en or et argent des Forces des Ténèbres

Une partie de la stratégie des Forces des Ténèbres consiste à vider toutes les poches de richesse existantes- gouvernement et fonds privé de pension, fonds d'affectation spéciale, stocks et obligations, produits dérivés et comptes de retraite privés. Sachant que le papier monnaie et les autres instruments financiers sur papier qu'elles ont inventé seront bientôt sans valeur, elles ont acheté d'énormes quantités d'or et d'argent, des métaux précieux avec de l'argent électronique où de la monnaie papier. Au travers du marché des futurs produits dérivés de l'or, elles ont été en mesure de maintenir le prix de l'or à des taux artificiellement bas pour donner au papier monnaie plus de pouvoir d'achat. C'est encore une habile astuce pour obtenir quelque chose au départ de rien *une alchimie qui transforme du papier sans valeur en or.*

Des rapports fiables n'avancent que les Forces des Ténèbres, en connivence avec les gouvernements, substitué les réserves officielles de barres d'or pur (tel la réserve du Fort Knox) par des barres d'or au cœur en tungstène, un hold-up qui apparaîtra dans l'histoire comme le plus grand vol jamais commis. Quand il sera révélé au grand public, ce scandale sapera les fondations du système monétaire mondial et conduira à son effondrement.

Quand ce chouette air sera dans le vent, et que les Forces des Ténèbres auront accumulé leurs montagneuses réserves d'or, le cours de l'or sur les marchés montera en flèche au-delà des limites imaginables. Cela sera le signal que les Forces des Ténèbres auront accumulés suffisamment d'or et d'argent pour contrôler le mode.

Peu encore devinent que les barres d'or transportent d'intrinsèques qualités telles que la propriété de purifier, vitaliser et rééquilibrer, d'autant que pour les Forces des Ténèbres, leur étant appliquées, ces qualités feront des ravages. Au plus, elles amassent l'or, au plus il purifiera et rééquilibrera les énergies masculines prépondérantes dont elles usent pour contrôler le monde. Ainsi selon une perspective occulte, l'argent rejoindra les autres facteurs d'accélération, de fin de cycle, et de karma pour miner les Forces des Ténèbres.

Collusion des Gouvernements avec les Forces des Ténèbres

Pour le maintien artificiel de leurs fonctions vitales, les Forces des Ténèbres peuvent forcer des gouvernements démocratiquement élus, des oligarchies des dictatures à transférer les richesses de leur pays respectifs dans les coffres des Forces

Ch 1 La bataille du plan astral se manifeste sur la terre

des Ténèbres en Suisse, et dans les autres capitales financières. Surnommés «renflouements» gouvernementaux, ces transferts d'énormes sommes d'argent vers les coffres des Forces des Ténèbres sont exprimés comme devant sauver le peuple d'un effondrement financier systémique. En réalité, c'est une ruse pour vider les coffres des gouvernements avant que la confiance dans la monnaie papier et l'argent électronique ne s'écroule, pour convertir l'argent fantôme en or massif.

Les gouvernements sont tenus de répondre aux exigences des Forces des Ténèbres parce qu'ils sont lourdement endettés envers eux. Les Forces des Ténèbres détiennent les instruments de la dette et les obligations des gouvernements par le biais de leurs mandataires c'est à dire les banques et les fonds spéculatifs. Ainsi en tant que créancier, elles peuvent imposer à un gouvernement national qui leur est redevable de faire ce qui leur plait, les États Unis et la Grande Bretagne étant les premiers exemples.

La crise globale financière a donc ramené à la surface et à l'attention du public l'incontestable collusion entre les gouvernements nationaux et les Forces des Ténèbres. C'est une complicité qui dure depuis des siècles, déjà sous les monarques, dictateurs, empereurs, oligarques et seigneurs de guerre. La différence avec le monde d'aujourd'hui c'est qu'il n'y a plus d'effort pour dissimuler l'ampleur de la collusion, et ainsi des fonds gouvernementaux sont éhontément passés par des banques internationales pour atterrir dans les mains de maisons comptables en Suisse avec l'injonction «à prendre où à laisser».

Des protestations publiques contre cette collusion sont tombées dans de soudes oreilles, comme les corps législatifs dament le pion, tassent l'affaire par des politiques « pour le bien public ». Par exemple, le congrès des États Unis sous la pression des banques, adopta à toute vapeur leurs renflouements mais également une loi pour changer les règles comptables afin que les banques n'aient plus à évaluer leurs avoirs en fonction du marché mais uniquement quand cela leur plait. En conséquence, les actifs toxiques d'exploitation prirent tout à coup des valeurs fictives et du jour au lendemain des banques insolvables déclarèrent d'elles-mêmes avoir renoué avec les bénéfices. Les banques ont réussis à tromper le public, l'invitant à penser que l'économie et le système financier sont en voie de guérison. En réalité les financiers savent que la situation est désespérée et que c'est une question de temps avant que l'ensemble du système ne s'effondre.

Les bureaucraties gouvernementales luttent pour survivre

La survie des bureaucraties gouvernementales internationales, nationales, étatiques/qui toutes au bout du compte dépendent de recettes fiscales pour exister est maintenant mise en cause. Comme les coffres des gouvernements sont vides, leurs bureaucraties seront laissées en plan. Aujourd'hui, elles se bousculent d'elles-mêmes pour se sauver de l'extinction tentant de convaincre un public éprouvé et brisé, que leurs services restent essentiels pour protéger les personnes d'une économie en train de s'effondrer.

Même pendant que des sans abris et des

personnes en détresse vivent sous tente, dans des camps à l'extérieur des grandes villes, les bureaucraties prioritairement se soucient de leur propre survie. Elles rédigeront des politiques pour augmenter les impôts, pour préserver leurs salaires et leurs fiefs. Quand la population lassée rejettera les augmentations fiscales, elles exerceront des représailles en exigeant du public des honoraires et des commissions pour leurs services. Police et brigade d'application de la loi se cachent dans les virages aveugles des routes pour piéger les fous de vitesse et accroître la saisie quotidienne sur les amendes. Elles dépensent des millions en dispositif contrôle de haute technologie pour surveiller les parcomètres, appliquer des limites de vitesse et rémunérer du personnel de soutien chargé de gérer l'emploi de l'augmentation des recettes. Dans quelques pays, même si les fonctionnaires ne sont pas payés, ils restent assis à leur bureau et tentent d'exercer tout pouvoir dont ils disposent pour exploiter le public avec des frais extraordinaires, des pénalités, des taxes sur les petits articles de consommation et des commissions.

Pour prévenir et calmer un possible retour de bâton venant du public, les bureaucraties prétendent travailler pour la population réduisant leur personnel et coupant dans leurs dépenses. En réalité, seulement le personnel subalterne et les travailleurs contractuels sont licenciés, tandis que les salariés et les agents titularisés sont maintenus. Ces derniers représentent les employés d'état qui en vertu du temps qu'ils ont passés en service espèrent survivre tant et si bien qu'ils puissent bénéficier de leur pension de retraite du gouvernement.

Cependant, durant ces dix dernières années, les Forces des Ténèbres ciblèrent ensemble les gouvernements et les fonds privés et de pension et au final elles réussirent à les vider de toute leur valeur étant donné que les fonds ciblés investirent en actions et obligations sur les propres marchés des Forces des Ténèbres ! En outre, comme ces fonds de pension commencent à basculer et à tendre vers l'insolvabilité les mêmes agences gouvernementales et assureurs privés supposés garantir leur solvabilité furent également déclarés en faillite. Laisser en plan les retraités c'est une part des dommages de guerre collatéraux que les Forces des Ténèbres projettent d'infliger aux populations à leur sortie.

Ceux qui sont visés par les vaccinations massives sont les travailleurs du secteur tertiaire, tels les bureaucrates de gouvernement, et la grande corporation des employés qui tous devraient être associés au grand réservoir d'argent des retraites. Ils constituent un secteur éduqué devant être réprimé pour que les Forces des Ténèbres puissent continuer à soutirer la valeur de leurs fonds de pension.

Ainsi comme les revenus fiscaux diminuent durant cette dépression économique et que les Forces des Ténèbres vidangent les retraites des petites gens, les structures bureaucratiques appauvries, à court d'argent doivent chercher quelque chose pour survivre. Dans les coulisses de ces structures, la possibilité d'une guerre commence à paraître attrayante.

Ch 1 La bataille du plan astral se manifeste sur la terre

David et Goliath

La collusion flagrante entre les Forces des Ténèbres et les gouvernements confirme que des forces écrasantes gouvernent le monde d'aujourd'hui. C'est de nouveau le scénario de David et Goliath en place puisque des porteurs de lumière dispersés se mesurent contre des forces militaristes puissantes soutenues par une stratégie de Monopoly. Pourtant ce caillou qui fit tomber Goliath reste dans les mains de la Hiérarchie Spirituelle avec ses forces de lumière, comme nous le verrons ci-dessous.

Le karma mondial mène à un scénario probable de guerre

Comme le monde souffrant reste apathique et endormis les Forces des Ténèbres sont en train de préparer une autre guerre qui supprimera essentiellement toutes les libertés et soumettra la population du monde à un nouveau régime encore plus draconien à travers leur contrôle mondial de l'or, la seule monnaie restante sur terre.

L'aberrant marché de 750 billions de dollars de produits dérivés qui surgit sur la terre aujourd'hui s'effondrera, emportant avec lui la majeure partie du secteur banquier et financier. Ce n'est juste qu'une question de temps avant que les augures de l'accélération ne percent ce ballon à valeur de papier. *Le nettoyage de ce fardeau massif de la dette est une condition absolue et pré-requise avant que l'humanité puisse approcher le Nouvel Age.*

Pourtant cet effondrement conduira à encore plus d'agitation et de souffrance: 1) le monde sombrera profondément dans une dépression économique et financière sans précédent et, 2) la collusion des Forces des Ténèbres alliées aux gouvernements fera apparaître une guerre mondiale. Une telle conflagration éclatera le plus vraisemblablement au Moyen Orient avant 2012.

Les objectifs de guerre des Forces des Ténèbres

Des plans pour cette guerre majeure ont été sur les planches à dessin depuis des décennies. Dans le cadre de ces plans, les guerres Iran-Irak permirent aux Forces des Ténèbres de positionner des troupes opposées au Moyen Orient et en Asie Centrale. Étant donné l'instabilité croissante au dedans et au dehors de cette région, le monde devrait prendre note que les puissances nucléaires mondiales convergent aujourd'hui dans cette zone --Iran, Russie, Pakistan, États-Unis, Grande Bretagne, Chine et Israël. Les Forces des Ténèbres contrôlent les deux parties belligérantes et peuvent facilement enflammer les tensions existantes au Moyen Orient jusqu'à déclencher une conflagration majeure avec des conséquences importantes et incontrôlables.

Ce qui est prévu, c'est une sorte de choc causant une telle indignation que le public comme autant de moutons, pourra être reconduit à une autre guerre mondiale. Cette fois cependant, il n'y aura plus de bons gars opposés à des mauvais, où des Alliés contre les puissances de l'Axe comme au cours de la seconde guerre mondiale. Au lieu de cela, les deux parties adverses seront exposées pour être les deux côtés d'une seule et même pièce de monnaie.

Si l'humanité reste convaincue que la guerre au

beau milieu d'une dépression pourra apporter un soulagement à ses malheurs économiques et sociaux, elle se dirigera dans le piège tendu pour son asservissement. Dans cet autre cas de collusion à nouveau, encore plus de karma négatif sera ajouté au pot de karma du monde; cela déborde et l'humanité devra le payer au prix de la souffrance.

Du côté des Forces des Te Sombre, la guerre est toujours une excuse employée pour suspendre les droits humains de base et prendre des mesures de plus en plus sévères pour asservir la population du monde. Nous considérons l'accession de l'Allemagne nazie, et l'après seconde guerre mondiale, les pogroms staliniens, la communiste prise de contrôle de l'Europe de l'est comme sur des exemples de ce qui résulta de la seconde guerre mondiale. La guerre n'apporta pas la victoire alliée comme le présentent les livres d'histoire mais elle asservit plus de la moitié de population du monde sous des régimes totalitaires.

Une population appauvrie résultant de la pire dépression économique jamais connue c'est du fourrage prêt pour les fauteurs de guerre. Les hommes et les femmes s'aligneront-ils volontairement, feront-elles la queue pour rejoindre la machinerie guerrière afin de pouvoir nourrir leur famille? D'autres accepteront-ils d'être conduits en troupeaux dans des camps où le gouvernement contrôlera ce qu'ils mangent, comment ils s'habillent et quand ils pourront dormir --ce qui revient dire tous les aspects de leurs vies?

Libération du karma négatif

Cette fois cependant la stratégie des Forces des

Ténèbres pour inviter à une autre guerre aura l'effet inverse. Nous croyons que cette guerre va enflammer quelque chose d'apparenté à une libération karmique qui pourrait faire que le conflit s'étende de manière incontrôlable. Des énergies féminines à cheval sur les ailes de l'accélération forceront un rééquilibrage du karma négatif accumulé et cela semblera intensifier la guerre. Ce rééquilibrage se traduira par de grandes souffrances occasionnées à un monde qui a consenti depuis trop longtemps aux Forces des Ténèbres mais, au même moment il les affaiblit considérablement.

Les Forces des Ténèbres sont assez familières avec les Lois du Karma et de leur point de vue tordu, elles vont tenter de convertir ce rééquilibrage en une autre sombre opportunité de faire de l'argent et de soumettre la population mondiale à un contrôle plus totalitaire. Si elles doivent passer par cet épisode karmique, pourquoi ne pas en profiter et tourner l'ensemble du conflit à leur avantage?

A ce point critique, les Forces des Ténèbres pourraient l'emporter si l'humanité consent à leur volonté. Et c'est bien le grand « Si », car du moment où une telle ouverture prend place, la population du monde sera bientôt gémissante sous les effets de la dépression. Les gouvernements et le monde et l'entreprise conviendront silencieusement qu'en ce moment une guerre pourrait revigorer l'économie pendant que des propagandes nationalistes s'intensifient. Le public, quant à lui, pourrait être aisément manipulé par une disposition tacite, silencieuse, accueillant la guerre comme une « solution » à tous ses maux. Un travail dans une fabrique d'armements où s'engager dans l'armée, par exemple, mettra de la nourriture sur la table et

Ch 1 La bataille du plan astral se manifeste sur la terre

habillera les enfants. Un tel dilemme se pose à l'humanité: va-t-elle soutenir la lumière où va-t-elle consentir encore une fois aux Forces des Ténèbres?

La Hiérarchie Spirituelle a déjà décidé la fin des Forces des Ténèbres, et que cette guerre pour du profit sera la dernière guerre. Les Forces des Ténèbres croient erronément qu'elles seront capables de contrôler cet épisode comme elles le firent avec d'innombrables conflits régionaux lucratifs. Elles sont, après tout, maîtres de guerre. Mais cette fois, elles perdront la maîtrise au point que l'issue de la guerre sera laissée ouverte afin que les forces de lumière la déterminent.

Aussi répugnante que soit la guerre, les forces de lumière ne doivent pas se tromper en souhaitant le statu quo. D'un point de vue ésotérique, la guerre doit être vue comme un rééquilibrage karmique qui détruira les infrastructures de fauteurs de guerre et de contrôle monopolisateur des monnaies, des Forces des Ténèbres. Au lieu de cela, les forces de lumière doivent saisir cette opportunité d'encourager la disparition totale des Forces des Ténèbres dans la guerre qu'elles ont créée. Ceci peut-être accompli par une résistance mentale active sur tous les plans de la société. (cf. Chap. 5)

Mais étant donné l'apathie régnant dans le monde aujourd'hui et la collusion massive entre gouvernements démocratiquement élus et Forces des Ténèbres, la question demeure: les forces de lumière et le grand public seront-ils en mesure de rassembler les moyens pour diriger l'issue d'une telle guerre?

Choix de l'humanité

L'humanité peut déterminer l'issue d'un tel conflit: elle peut résister à toutes les tentatives des Forces des Ténèbres pour l'entraîner dans la guerre. Cette résistance doit venir de tous les niveaux de la société et peut être à la fois mentale et physique. Cependant, étant donné l'actuelle cote terrestre écrasante contre des forces de lumière dispersées, l'humanité doit appeler la Hiérarchie Spirituelle à l'aide. Mais que savent aujourd'hui les gens de la Hiérarchie Spirituelle? La réponse est: pratiquement rien. Aujourd'hui le monde est en général presque totalement ignorant de l'existence de la Hiérarchie Spirituelle, la seule force qui peut les sauver de cette situation. C'est pourquoi les porteurs de lumière sont si importants parce qu'ils sont censés être les représentants terrestres de la Hiérarchie Spirituelle, en ce moment critique, et doivent apporter cette information à leurs communautés. Même si le monde est contraint à une guerre, plus l'opinion publique s'oppose mentalement à la guerre et invoque la Hiérarchie Spirituelle, plus courte sera la conflagration.

Mais si une grande partie de l'humanité consent à la guerre et construit plus de karma négatif en la considérant consciemment où inconsciemment comme une panacée pour ses problèmes économiques et financiers, alors la guerre se prolongera et le monde souffrira grandement. Une population mondiale qui s'affronte quant à la légitimité de la guerre est une situation idéale pour illustrer la devise des Forces des Ténèbres « Diviser et régner ».

L'alternative de la Hiérarchie Spirituelle

Ainsi nous nous tenons à un point semblable du cycle sidéral, quand, au terme de l'Année Terrestre précédente le choix fut donné à l'Atlantide de sombrer où de réformer ses chemins. A ce moment, les Atlantes avaient développé une technologie utilisant le son comme une arme et quand ils le dirigeaient vers des êtres humains, cela pouvait en faire exploser les organes. C'était une technologie pas très éloignée de nos lasers actuels. En outre, ils avaient découvert qu'en accumulant de l'argent pour la puissance et le bellicisme, ils pouvaient contrôler les masses. En raison de leur récalcitrance, les organes directeurs de la Hiérarchie Spirituelle ne virent pas d'autre alternative que de couler le continent et recommencer à zéro.

Ces mêmes Atlantes réincarnés ont exercé le même régime sur le monde d'aujourd'hui, et nous sommes encore confronté au même choix: abandonner le monopole de l'argent et renoncer au bellicisme où sombrer. Au lieu de cela, nous ne voyons qu'une attitude de défi. De la sorte, nous nous retrouvons au bord du même précipice comme l'Atlantide avant sa destruction. Ils ont fait leur choix et le reste est histoire cosmique.

Entre le marteau et l'enclume

Si la guerre à venir joue en faveur des Forces des Ténèbres et si l'humanité dans son ensemble reste consentante, craintive, apathique telle un mouton; son entrée dans le Nouvel Age risque d'être compromise. Pour les arrêter, les forces de lumière devront invoquer l'aide divine qui peut inclure des changements géologiques catastrophiques à seule fin de porter un coup final aux infrastructures et aux cités des Forces des Ténèbres. C'est pourquoi les forces de lumière peuvent se sentir « entre le marteau et l'enclume », c'est à dire qu'en invoquant des changements terrestres dévastateurs mis en œuvre pour porter le coup fatal aux Forces des Ténèbres, elles savent aussi que l'humanité subira un tel coup. Le monde doit affronter cette dure décision et prendre conscience qu'il existe des problèmes plus importants que penser chacun sa propre sécurité et à ses besoins. Ce qui est en jeu, c'est l'évolution du genre humain et son entrée dans une ère de grande promesse.

En réponse à la menace de changements terrestres catastrophiques à venir, les Forces des Ténèbres ont fait savoir qu'elles aussi, ont ce pouvoir d'infliger des changements sur terre sous forme de tremblements de terre, de conditions météorologiques orientées telles qu'ouragans, cyclones et inondations. Le pensent-elles vraiment? Leur arrogance est sans limite.

La carte atout

La Hiérarchie Spirituelle a toujours tenu la carte atout cosmique en ce qui concerne les civilisations dévoyées. Elle dut recourir à cet atout cosmique pour faire sombrer les civilisations Lémurienne et atlantes afin de les empêcher d'atteindre leurs pics de nuisance. Tant de changements géophysiques sont invoqués non seulement pour appeler à purifier la planète terre de la pollution et de la dégradation de l'environnement mais aussi pour rectifier les torts moraux profondément retranchés évoqués par les différentes races mères, une situation dans laquelle nous nous trouvons aujourd'hui.

Nous croyons aujourd'hui que la carte maîtresse consiste en un déluge étendu au monde entier. Cette fois, d'énormes plaques continentales de glace, juchées sur les socles émergés de l'Antarctique et du Groenland dans l'Antarctique risquent de glisser dans les océans provoquant une montée significative du niveau des mers. Le réchauffement global de la terre a poussé ces massives plaques de glace à rompre avec les glaciers du continent et à glisser vers les océans. Récemment, les scientifiques ont observés que comme les plaques de glace glissent, le frottement entre le sol et les plaques en mouvement génère de la chaleur et crée un complexe « système de plomberie » de rivières d'eau de fonte. Cette eau de fonte" lubrifie" le mouvement de la calotte glaciaire vers l'océan à une vitesse considérable.

Le monde scientifique et politique ne devrait pas se satisfaire en soi de l'idée qu'il faudra des siècles pour que les deux calottes polaires fondent, occasionnant une montée significative du niveau des mers. Les couches de glace peuvent glisser dans la mer et augmenter son niveau de façon catastrophique par déplacement en quelques jours.[1]

Ainsi les modèles de hausse potentielle du niveau des mers ont ignoré les effets du phénomène des eaux de fonte sous-glaciaires et les courants énormes d'eau glacée se déversant dans la mer sous

---

[1] Robin E. Bell, Directeur du Centre pour les rivières et estuaires, à l'Institut pour la Terre de l'université de Columbia, "Glace inquiète, glace inquiète en dit long sur le réchauffement climatique"*ScientificAmerican,* n° 298.2(2008) pp. 60-67.

les couches de glace. Déjà, des îles au large de la côte indienne ont été submergées. La république de Kiribati autre pays insulaire dans le Pacifique sud, et les Maldives dans l'océan indien ont déjà disparus sous la montée du niveau des mers. Leurs populations sont tranquillement évacuées dans des pays continentaux voisins.

Si ces plaques de glace se glissent dans l'océan, il est estimé que le niveau de la mer va augmenter de plus de 200 pieds où environ 65 mètres dans une question de jours. Des scientifiques américains[2] estiment que trois principales plaques de glace peuvent potentiellement glisser dans la mer et provoquer l'augmentation suivante du niveau des mers.

Antarctique ouest : 19 pieds / 6 mètres d'élévation du niveau de la mer

Groenland : 24 pieds / 7,3 mètres d'élévation du niveau de la mer

Antarctique est : 170 pieds / 52 mètres d'élévation du niveau de la mer

Avec un simple ordre du Mahachohan dans la Hiérarchie Spirituelle, des puissantes énergies peuvent être concentrées sur ces plaques de glace afin de les faire glisser dans l'océan. Encore une fois, nous n'allons pas attendre des siècles pour que la glace fonde, pour que le niveau des mers augmente. Le déplacement de ces énormes blocs de glace continentale peut causer une montée importante du niveau de la mer en quelques jours,

---

[2] Ibid.

couvrant toutes les grandes villes côtières et inondant toutes les capitales financières du monde y compris New York, Londres, Dubaï, Singapour, Mumbai, Hong Kong, Toronto et Shanghai. La Hiérarchie Spirituelle peut libérer cette action, s'il devient clair que l'humanité ne peut où ne veut pas rassembler la lumière nécessaire pour vaincre les Forces des Ténèbres.

La propagande gouvernementale qui encourage la complaisance au sujet du niveau croissant des mers doit être écartée et le glissement définitif de ces blocs de glace dans l'océan est déjà à son point critique.

Un mot pour les sages

La bataille entre la lumière et les Forces des Ténèbres n'a jamais été conçue pour être facile, et comme nous avons observé depuis que la crise financière globale a débuté, les Forces des Ténèbres ne tomberont pas sans livrer une bataille royale. Mais les vrais organes de direction de la terre, la Hiérarchie Spirituelle ne permettront pas aux Forces des Ténèbres d'entrer dans le Nouvel Age avec le reste de l'humanité, ainsi jusqu'à ce qu'elles soient complètement détruites, nous devrons attendre sur le seuil du Nouvel Age.

Lorsque la guerre commencera, tous les instruments monétaires de papier et les monnaies auront perdu beaucoup de leur valeur et une période de confusion au sujet de l'argent s'en suivra. Avec leurs énormes réserves d'or, les forces des ténèbres détiendront un monopole de pouvoir et avec ce pouvoir, elles commenceront la mise en œuvre de leurs plans pour asservir le genre humain.

Dans le Tome 1, nous recommandions fortement que le lecteur commence à accumuler des pièces de monnaie frappées, en or et en argent. Alors en 2001, ces pièces de monnaie d'or et d'argent ont été évaluées à 270 dollars US, et 6 dollars US l'once respectivement. Aujourd'hui, elles valent autour de 1200 dollars US, et 25 dollars US l'once respectivement. Cependant cette augmentation significative, ne devrait pas décourager les lecteurs d'aujourd'hui de prendre toutes les mesures pour accumuler ces pièces au plus qu'ils peuvent. Par rapport à ce qui se produira à l'avenir, ces pièces sont encore bon marché.

Ceux qui détiennent de l'or et de l'argent seront en mesure de maintenir leur indépendance contre l'empiètement croissant opéré sur leurs droits et leurs libertés. Ils peuvent aussi servir l'humanité en aidant les moins fortunés. Ceux qui n'ont pas ces métaux précieux doivent recourir au troc où à l'aide gouvernementale et seront soumis à leur contrôle.

Beaucoup d'adeptes du Nouvel Age, aux yeux parsemés d'étoiles ne tiennent pas compte de la valeur de l'or et de l'argent ne voulant rien avoir à faire avec ce « sale lucre ». Ils pensent être sous la protection de Dieu et, en quelque sorte que tous leurs besoins seront satisfaits peu importe quoi. Il est vrai que le Divin rencontre tous les besoins seulement si l'on fait le premier pas. Le conseil du Maître St. Germain, voici plus de dix ans était de commencer l'acquisition de ces métaux précieux pour leur utilisation durant cette période de turbulences.

Acquérir ces métaux pièces par pièces si besoin est, et cet effort même invitera l'aide divine. Mais si vous ne faites rien malgré ces avertissements, alors il vous suffira de subir les conséquences. Que peut faire de plus la Hiérarchie Spirituelle si non vous donner des informations valides sur lesquelles agir?

Une fois la nation la plus riche du monde, les États Unis a été saignée à blanc sur le sable mouvant de la dette, d'autres nations suivront juste derrière. Pour les Forces des Ténèbres, l'état-nation a toujours été juste une unité pratique d'extraction de richesse et le système financier essentiellement par le biais des marchés dérivés, est conçu pour vider les coffres des particuliers et des états-nations qui ont gardés des ressources. Mais à quelles fins vous pourriez demander? Vers deux objectifs non-éclairés et étroits d'esprit: le monopole du pouvoir et l'asservissement de l'humanité.

La concentration du pouvoir et de l'argent penche vers la Chine, la plus solvable région du monde. La Chine a accumulé de vastes provisions d'argent parce que ce métal blanc précieux a servit comme principal moyen d'échange pendant des siècles. Il suffirait par simple déclaration que la Chine veuille soutenir sa propre monnaie avec de l'argent métal pour mettre tout le monde des monnaies fiduciaires à ses pieds. Voilà combien précaire et instable est aujourd'hui le système financier! Cette possibilité plane sur la terre aujourd'hui comme encore une autre sous-stratégie de la politique de sortie des Forces des Ténèbres.

Points d'insurrection et révolte à venir

Dans les années à venir, comme le public est exposé à de plus en plus de souffrance entrainée par les gouvernements et la dépression économique toujours s'approfondissant. Il y aura davantage de troubles de l'ordre public. Très conscientes de cette possibilité, les Forces des Ténèbres ont mis en place des dispositions pour réprimer les protestations et les révoltes par exemple, réprimer toute résistance s'opposant à leurs mesures draconiennes.

Des mesures de sécurité publique et de l'équipement ont déjà été mises en place en prévision de l'agitation certaine qu'apportera une dépression économique profonde. Les personnes ont déjà été réduites à des moutons dès qu'elles passent par l'aéroport, le train, la construction du point de contrôle de sécurité où elles sont vigoureusement fouillées sous peine d'emprisonnement. Il reste à voir jusqu'où une population appauvrie sera en mesure de résister à de nouvelles contraintes.

Ainsi, en plus de la perspective d'une Troisième Guerre Mondiale, des bouleversements internes à l'intérieur des pays sont aussi annoncés. Sera-ce suffisant pour renverser l'hégémonie que les Forces des Ténèbres exercent sur les populations du monde?

Vigilance et perspicacité nécessaires

Les Forces des Ténèbres sont de toutes les races et imbriquées dans des positions de pouvoir dans toutes les régions du monde. Elles sont américaines, européennes, sud-américaines, arabes, indiennes, africaines, chinoises, pakistanaises, iraniennes etc. comme nous en avons été témoin dans le système bancaire mondial et dans les systèmes gouvernementaux. Ces forces se déplacent

Ch 1 La bataille du plan astral se manifeste sur la terre

sur terre comme s'il n'y avait pas de frontières. L'état-nation est leur unité de persécution et leur infiltration dans tout gouvernement est un fait largement étalé devant le public.

Les Forces des Ténèbres sont hautement intelligentes quoique de faible nature spirituelle, et à travers leurs magiciens noirs et leur monopole croissant sur l'or, elles tenteront à leur sortie, d'entraîner le genre humain vers l'abîme. C'est une sorte de stratégie mondiale de prise d'otage.

Nous devons être prudent et discret dans nos mouvements et nos activités et comprendre qu'elles manient un prodigieux pouvoir matériel; il pourrait même résulter en intervention extra-terrestre si nécessaire.

Le contrôle de l'information via les masses média est fermement dans les mains des Forces des Ténèbres, ainsi tous les sujets d'information doivent être regardés comme des manipulations mentales destinées à rassembler le public dans la direction désirée. Pour neutraliser ce contrôle, l'Internet, une invention que le Maître St Germain présenta si sagement au monde, a joué un grand rôle dans la décentralisation de l'information, et plus de public s'est ainsi réveillé.

La vigilance est nécessaire parce que les dommages que les Forces des Ténèbres sont capables de faire subir à la terre et à l'humanité durant leur sortie forcée peuvent être incalculables. Mais si l'humanité s'insurge contre ces efforts démoniaques, la Hiérarchie Spirituelle la soutiendra infailliblement et la promesse que la lumière prévaudra dans ce dernier combat entre lumière et ténèbres sera accomplie. (Voir Chapitre 5 Mobilisation des Forces de Lumière)

Conclusion

Telle que la crise mondiale actuelle s'est jouée jusqu'à présent, il est clair que l'humanité a choisi la voie la plus difficile. Les corps mentaux tant de la terre que de ses habitants restent faibles et malades; le rééquilibrage du monde prendra plus de temps que prévu. Même après que les Forces des Ténèbres aient été sévèrement affaiblies et éliminées de leurs trônes d'argent et de pouvoir militaire, les esprits de l'humanité durent subir un radical changement; de la pensée de l'actuelle civilisation à une pensée qui soit plus conforme et alignée avec le Plan Divin. La Hiérarchie Spirituelle estime qu'autour de 2050 à 2060, le rééquilibrage de la terre sera achevé, on l'espère, et la terre sera alors prête à entrer dans l'Age Nouveau.

Ainsi ceux qui ont très envie d'un retour à la normalité, ne le reverront plus jamais. Ce qui est passé est passé. Ce qui a fait faillite est en faillite. Ce qui s'est écroulé est écroulé.

Ceux qui avancent en tandem avec les grands changements de ce cycle déclinant vont survivre et plus tard bâtiront le Nouvel Age.

L'évolution est en marche. Même si des tumultes s'agrippent, le monde de l'espoir commencera à se former dans les régions spirituelles et les graines du Nouvel Age seront plantées.

Chapitre 2
Refuges d'Espoir dans la Tourmente

Au-dessus de la lutte dans les régions peuplées des côtes et des basses terres, les graines d'une nouvelle civilisation sont déjà en train de commencer à germer dans certaines des douze Régions Spirituelles autour du globe. La Hiérarchie Spirituelle a fournit au genre humain une opportunité de continuer son voyage évolutif aussi fort qu'auparavant, dans ces régions loin du tumulte des inondations planétaires. Dans la sécurité de ces Régions Spirituelles, l'accélération continuera d'encourager l'évolution de l'humanité. La Hiérarchie Spirituelle, le véritable gouvernement intérieur de la terre, a toujours offert une voie rapide d'évolution connue comme le Chemin de l'Initiation. Les âmes ont la possibilité d'évoluer spirituellement à un rythme plus rapide que l'humanité en général. A travers un processus de migration naturelle, des âmes avancées, des porteurs de lumière et des incarnations de la sixième race racine se regroupent dans les Régions Spirituelles pour expérimenter une société de transition qui préservera le meilleur de la société actuelle en déclin et la synthétisera avec son expression d'âme, quelle soit de groupe ou individu. Le prototype qui émerge servira de modèle de société pour entrer dans le Nouvel Age. Par conséquent la lumière de l'âme émergera peu à peu comme la force prédominante de développement dans les Régions Spirituelles éperonnées par l'accélération continue d'énergies.

Comme la lumière de l'âme émerge à travers le corps physique de chaque porteur de lumière, ces porteurs de lumière guideront la reconstruction d'une société fondée sur les lois cosmiques que l'âme entend de manière innée. De même que l'âme dirige l'individu, ainsi la loi cosmique gouvernera la société de transition.

La population générale en-dehors des Régions Spirituelles expérimentera les bouleversements causés par la montée du niveau des mers et l'agitation économique. Les habitants des Régions Spirituelles devront servir de manière désintéressée les populations touchées par les inondations et les remettre sur une voie d'évolution plus sûre.

En accord avec le Plan Divin, les Régions Spirituelles seront les premières à évoluer de la troisième à la quatrième dimension d'existence dans les prochains siècles. C'est la direction de l'évolution du genre humain, mais d'abord, il doit franchir l'obstacle des prochaines cinquante années environ, de réajustement terrestre qui suivra la sortie des Forces des Ténèbres.

Le Plan Divin pour la Quatrième Ronde

Nous avons mentionné dans le volume 2 que nous étions arrivés à la fin de la quatrième *sous-ronde* et que nous entrons maintenant dans la cinquième sous-ronde à l'intérieur de la Quatrième

Ronde. Cela coïncide avec le franchissement du point médian de la Quatrième Ronde et conclut l'épisode dans la forme la plus dense de l'existence physique. L'évolution humaine pointe désormais à la hausse vers l'achèvement de la seconde moitié de la Quatrième Ronde. Au cours de cette évolution, notre existence va progressivement passer du plan physique au plan éthérique et d'ici la fin de la Quatrième Ronde, nous aurons traversé les cinquième, sixième, et septième sous-rondes et rejeté nos corps denses au profit de corps plus éthériques.

La Sixième Race Racine est déjà incarnée partout dans le monde, chevauchant l'actuelle race en déclin, qui existe déjà depuis plus d'un million d'années. Quand la Sixième Race, elle aussi atteindra son zénith peut-être dans un autre million d'années, la Septième Race apparaîtra et nous conduira à la fin de la Quatrième Ronde. Le plan physique dense dans son entier que nous connaissons aujourd'hui aura été rejeté et l'espèce humaine existera dans des corps composés de matière éthérique raffinée dans un environnement également éthérique.

Dès que l'humanité aura atteint cette existence d'essence éthérique, nous entrerons dans un pralaya majeur et la terre sera, soit détruite, soit ira dans les limbes comme notre lune. Nos âmes gagneront une longue période de repos après quoi elles s'incarneront dans des formes hautement plus éthérées, plus probablement composées de substance mentale, pour commencer la Cinquième Ronde sur un autre corps planétaire à l'intérieur d'un des nombreux systèmes solaires de l'univers. C'est *grosso modo*, le Plan Divin pour la seconde moitié de la Quatrième Ronde.

Le pas suivant-- la Cinquième Sous-Ronde de la Quatrième Ronde

Comme nous l'avons mentionné plus haut, l'accélération continue permettra d'accélérer l'ascension de l'humanité à la cinquième sous-ronde de Quatrième Ronde. Combien de temps l'humanité restera dans la cinquième sous-ronde dépendra de son progrès spirituel. Mais comme l'accélération continuera sans faiblir, il est peu probable que notre séjour dans la prochaine sous-ronde s'éternise aussi longtemps que cela fut le cas dans la quatrième sous-ronde.

Nous entrons dans le pralaya mineur qui s'étend entre la quatrième et la cinquième sous-ronde. Ce pralaya mineur aussi correspond à ce que les ésotéristes appellent les « mille ans de paix » ou l'Age d'Or. En réalité, c'est le remontage, la remise à l'heure de l'actuelle civilisation où une réévaluation en cours s'accorde sur ses aspects sages et positifs; par exemple tout ce qui sert l'humanité sera retenu. Les deux prochaine générations de la Sixième Race Racine qui s'incarneront seront plus ouvertes et sensibles aux dimensions supérieures et aux enseignements de la Hiérarchie Spirituelle.

Ainsi le syndrome du «chacun pour soi» qui caractérise notre civilisation aujourd'hui se muera avec un peu de chance, en une société plus généreuse, plus partageuse où le « Dieu Intérieur » commence à émerger comme motivation première des actions humaines, de préférence à l'ambition, au pouvoir, à l'argent et à la gloire. Une fois que ce rééquilibrage couvrira la terre, nous serons prêts a affronter le défi évolutionnaire et les leçons qui nous attendent dans la cinquième sous-ronde de la Quatrième Ronde.

Les localisations géographiques des Régions Spirituelle

Dans Tome 2 des Prophéties de Sanctus Germanus, nous indiquions qu'au cours de la post-période 2012 des changements géo-climatiques, douze régions géographiques évolueraient dans des Régions Spirituelles où des porteurs de lumière en contact étroit avec les adeptes et les Maîtres de la Hiérarchie Spirituelle accompliraient le Plan Divin. Pour récapituler, ces Régions Spirituelles sont les suivantes :

Amérique du nord: (1) la région Banff-Lac Louise dans les Rocheuses canadiennes jusqu'au Grand Téton du Wyoming, Etats Unis et (2) le plateau du Colorado aux États Unis.

Amérique du sud: (3) la province de Cordoba, la région de Uritorco/Capilla del Monte en Argentine et (4) province de Goiás au Brésil.

Asie: (5) le plateau Qinghai-Tibet et (6) le plateau du désert de Gobi.

Asie du sud: (7) le district de Darjeeling (y compris le Sikkim) dans l'Himalaya.

Australie: (8) la région de l'Out back australien.
Moyen-Orient: (9) le plateau iranien près de Yazd, Iran.

Afrique: (10) région des Hauts Plateaux du lac Kivu et (11) le plateau du Hoggar près de Tamanrasset, Algérie.

Europe: (12) plateau transylvain dans les montagnes des Carpates.

De plus, les Régions Spirituelles ne doivent pas être confondues avec des zones de sécuritaire à haute altitude qui seront épargnées des inondations causées par la montée des eaux. Les inondations dans les régions côtières et les basses terres forceront le déplacement de leurs populations vers ces zones avoisinantes et sécurisées de haute altitude.

Chaque Région Spirituelle est dotée d'énergies vibratoires supérieures qui permettront une communication plus directe avec la Hiérarchie Spirituelle à Shambhalla. Dans chaque Région Spirituelle il y a des portails d'énergie à haute vibration qui seront, le moment venu, révélés à ses résidents. Quelques initiés avancés dans chaque Région Spirituelle savent déjà où sont situés ces portails et attendent le moment où cette information peut être confiée à leurs disciples. En temps voulu, ces portails seront dotés d'un sanctuaire ou d'un temple où la population pourra méditer ou être soignée.

Toutes les Régions Spirituelles ne sont pas semblables

Chaque Région Spirituelle est actuellement en train de subir un processus de purification puisque la Hiérarchie Spirituelle concentre des vibrations féminines de haute énergie dans ces régions. Par conséquent, cela entraînera de grands bouleversements dans certaines, tandis que d'autres commencent à organiser leur futur rôle dans le Plan Divin.

Certaines régions sont déjà en train d'attirer vers elles des populations de porteurs de lumière au moment où d'autres doivent encore recevoir un nettoyage majeur. Il est dit que dans certaines Régions Spirituelles, déjà des groupes d'adeptes et d'initiés vivent et œuvrent sur le plan éthérique. Par exemple, le plateau iranien est inaccessible en raison d'objections politiques et religieuses enracinées, mais cela ne doit pas empêcher des sociétés secrètes d'y préparer le futur. Le district de Darjeeling, lui est en train de subir un nettoyage pendant que la région du lac Kivu y compris Gomma doit se remettre de saccages et pillages militaires. Les régions urbaines du plateau de Colorado sont encore trop surpeuplées et polluées alors que la région de Banff et du Lac Louise dans les Rocheuses canadiennes a heureusement préservé son état premier immaculé du fait qu'elle se situe dans un parc national protégé. Par conséquent, ces Régions Spirituelles qui sont relativement vierges en leur état et les moins affectées par le matérialisme fétide ou par la guerre, avanceront en premier.

Peuplement des Régions Spirituelles

Durant la décade du désarroi de 2007 à 2017, les porteurs de lumière qui répondent aux appels de leur âme graviteront vers les douze Régions Spirituelles. Cette migration naturelle est implantée dans leur âme et s'inscrit dans le cadre du Plan Divin. De nouveaux porteurs de lumière rencontreront d'autres porteurs de lumière de même opinion qui apportent avec eux leur expertise et leurs visions pour une future société. Ensemble, ils débuteront l'effort de reconstruction, créant une société de transition qui fonctionnera comme un pont entre la Hiérarchie Spirituelle et les populations dans les régions environnantes.

Migration inconsciente et migration consciente

Autant le trouble et l'agitation accélèrent tant en provenance de conflits humains que des transformations physiques de la terre, les porteurs de lumière se trouveront naturellement attirés par les Régions Spirituelles. Cette migration a lieu actuellement pour certains consciemment, pour d'autres inconsciemment et augmentera à mesure que les insistances de l'âme individuelle deviendront plus manifestes et plus urgentes. Quand les Forces des Ténèbres déchaîneront la prochaine guerre mondiale, cela provoquera des changements terrestres, et la combinaison des deux évènements éveillera beaucoup d'âmes à émigrer ailleurs.

Chaque personne doit trouver et définir sa place dans le Plan Divin de la Région Spirituelle comme il est écrit dans le plan individuel de l'âme. Se mettre en devoir de trouver, définir, et mettre en œuvre ce plan d'âme individuel, établir comment il s'intègre dans le projet des Régions Spirituelles sont des tâches de première importance et sont le sujet du Chapitre 6.

Une fois implantés dans une Région Spirituelle, les porteurs de lumière seront supposés connaître leurs missions et leurs rôles dans le Plan

Ch 2 Refuges d'Espoir dans la Tourmente

Divin de la Région Spirituelle. Il n'y aura pas de comité d'accueil pour les recevoir et les aider à s'établir et bien que les ressources adéquates seront mises en place selon le Plan Divin, les porteurs de lumière seront censés initier, amorcer la mission d'âme particulière leur étant dévolue avant que la Fraternité ne libère tout autre ressource. Ils devront accepter les projets d'enseigner et d'informer les gens des évènements à venir et comment s'y préparer.

Le déménagement dans une Région Spirituelle n'est pas destiné à être un endroit sûr et confortable pour une retraite ou une vie matérielle pénarde. Trop souvent, les porteurs de lumière veulent un emploi garanti et le salaire avant qu'ils ne se déplacent vers un nouvel environnement, car il semble que l'esprit pionnier a été écrasé par une vie matérielle trop pépère dans le présent endroit. Un grand nombre de porteurs de lumière risque de ne pas répondre aux sollicitations de leur âme et de céder à la peur de se déraciner de leur confortable environnement pour un autre qui est inconnu. En même temps, la Hiérarchie Spirituelle ne délivrera aucune garantie à moins que les porteurs de lumière ne fassent le premier pas avec la plus grande foi, conviction et l'engagement extrême de poursuivre leur Voie.

En cours de chemin, la Hiérarchie Spirituelle les rencontrera à de nombreux moments pour étancher leur soif et les reconstituer. Mais tout de même, les porteurs de lumière ne devraient pas s'attendre à être dorlotés s'ils se décident à émigrer dans une des Régions Spirituelles. Les porteurs de lumière sont simplement censés faire ce qu'ils promirent de faire avant cette incarnation.

Les lois cosmiques d'attraction et de hiérarchie

Les différences entre les Régions Spirituelles et les superficies autour d'elles sont vibratoires. Les personnes dont les vibrations sont compatibles avec les Régions Spirituelles seront attirées là conformément avec la loi d'attraction qui tire à soi mais n'exclut pas. Il n'y aura ni mur ni barrière pour séparer les Régions Spirituelles du reste du monde.

La loi d'attraction déterminera aussi avec qui les porteurs de lumière se regrouperont à l'intérieur d'une Région Spirituelle particulière. Chaque individu amène des tendances enracinées psychologiques et personnelles qui peuvent ne pas coller avec l'action du groupe. Ce sera un défi permanent, mais un rapprochement naturel de personnes étant dans les mêmes dispositions devrait se produire et sur la base de cette compatibilité, des groupes devraient se former.

La loi cosmique de la Hiérarchie dans les Régions Spirituelles gouvernera la structure du groupe et comment il fonctionne. Le Maître Sérapis parle de la loi de la Hiérarchie en ces termes :

> (C'est) cette structure qui existe dans toute forme, dans toute la nature, et dans toute la création...C'est la montée et la descente d'anges. C'est ce sentiment grand et sacré que l'on obtient quand l'on couve du regard son professeur, et c'est une empathie profonde qui se crée davantage avec son propre étudiant. Hiérarchie opérante! Peu comprise à l'Ouest, mode de vie à l'Est. Dans n'importe quelle région, il y aura toujours votre Hiérarque, celui

qui se dresse au-dessus de vous, celui dont la vue vous fait atteindre grâce et avantages. Ce sont seulement les personnes immatures qui n'aiment pas cet état de fait, celles qui n'ont pas encore perdu l'arrogance qui vient de leur ignorance et qui voudraient toujours être les leaders de la bande.

Et encore je dis, la Hiérarchie est incomprise, très incomprise à l'Ouest, car ici on doit obéissance à ceux qui ne guident pas, mais qui en réalité devraient nous suivre. Et ceux qui vous guident et en vérité sont vos Hiérarques, parfois vous ne leur accordez pas d'esprit, les ignorant parfois, les critiquant aussi. Ah! Qu'il advienne une puissante guérison dans ce pays et laissons la venir d'Est en Ouest.

...(C'est) d'une importance vitale que vous compreniez cela, car en saisissant cela vous obtenez la clé des relations humaines harmonieuses. Vous qui avez parlez de problèmes avec d'autres, vous qui avez offensé ou été offensé; ceux-ci, ceux-là ont en commun leur aveuglement en présence de la structure hiérarchique et rien de plus. Car si vous comprenez et saisissez ceci pleinement, vous verrez envers qui vous êtes redevable et qui est redevable envers vous. Envers les anciens, soyez respectueux, et envers les nouveaux, soyez gracieux. Ainsi soyez-le! Ainsi soyez-le toujours! Car je vous le répète jusqu'à ce que vous compreniez cette leçon nettement, vous ne pourrez entrer dans les plans célestes, et ce n'est pas une exclusion par la Main Divine mais simplement une question de réalités vibratoires qui persistent et durent toujours dans les mondes invisibles. On résonne automatiquement et donc on habite ce royaume auquel on appartient de la manière la plus appropriée, ni plus, ni moins. [3]

Les personnes travaillant sous des vibrations similaires peuvent accomplir beaucoup plus avec un meilleur usage optimal de l'énergie. Être en train de s'opposer et de résister à des actions de son groupe ou de son leader vide tout groupe de sa résolution et de sa vitalité. Ceux qui souhaitent conseiller en douce et critiquer les actions de leur groupe devraient se mettre en route et rejoindre d'autres groupes plus compatibles avec leurs idées et vibrations.

Principe directeur: contact avec l'âme

Les porteurs de lumière représentent le noyau de la future organisation dans les Régions Spirituelles et à plus large mesure, dans le monde. Ils doivent réapprendre à se tourner vers l'intérieur et intégrer leurs âmes avec leurs personnalités de sorte que, gravées à l'intérieur, les intentions de leur âme puissent se manifester à travers leurs véhicules physiques. Ceci est l'essence de la libération de l'âme. Ce principe directeur a été déposé depuis des siècles dans les Yogas Sûtras de Patanjali et continuera de servir avec la même justesse et autorité dans les Régions Spirituelles sous la direction générale de Maître Saint Germain.

L'agitation sur terre sera si répandue qu'aucune organisation humaine (par ex. La Croix Rouge, les ONG, les gouvernements nationaux) ne pourra aider

---

[3] Communication de Sérapis Bey aux étudiants de la fondation Sanctus Germanus.

ou guider les gens de façon adéquate. Pour les porteurs de lumière qui auront établi contact avec l'âme, un plan organisé avec les nécessaires ressources se manifestera à partir d'elle. Une fois que les porteurs de lumière auront fait les premiers pas pour mettre en œuvre leur plan, alors les adeptes et initiés prendront contact et offriront leur aide et leur guidance. Ceux-ci n'apparaîtront pas en turbans ou en habits archaïques mais comme des humains ordinaires. Au début, les porteurs de lumière ne se rendront pas compte qui ils sont vraiment, mais au fil du temps et des observations, ils seront amenés à connaître avec qui ils travaillent. Dans le chaos, alors, *le contact avec l'âme des porteurs de lumière sera la seule voie organisée par laquelle les populations de la terre comprendront—la gouvernance dont ils ont besoin pour rétablir leur assise.*

Chaque plan d'âme particulier constitue une part du Plan Divin en son entièreté, et la mesure avec laquelle le porteur de lumière opère le contact avec son âme augure bien comment ces plans individuels s'alvéoleront en nid d'abeille pour déterminer une nouvelle société.

Fonctions de base des Régions Spirituelles

Dans les Tomes 1 et 2 des *Prophéties de Sanctus Germanus*, nous avons traité une partie des fonctions de la société de transition qui se développera dans les Régions Spirituelles. Dans cette section, nous fournirons des informations supplémentaires qui nous ont été révélées depuis que les deux livres ont été publiés.

Le développement dans les Régions

Spirituelles, s'il est aligné avec le Plan Divin, va évoluer à partir d'une existence à trois, jusqu'à une existence à quatre dimensions dans les siècles à venir. C'est l'irrésistible évolution à long terme du genre humain, mais d'abord, l'humanité doit franchir les cinq à six décennies de tourmente et de réajustement terrestre qui suivront la sortie des Forces des Ténèbres.

Une bonne partie du développement sera laissée aux habitants pour se déterminer conformément avec la loi cosmique du Libre Arbitre. Ils détermineront quelles politiques, quelles habitudes traditionnelles, idées ou technologies serviront ou ne serviront pas. Introduisant leur expérience de notre actuelle civilisation, les porteurs de lumière, qui se sont incarnés au cours des cinquante dernières années, relieront ancienne et future civilisations.

Le rôle de la Hiérarchie Spirituelle

Conformément à la prophétie que le Maître Djwal Khul avança à travers A. Bailey, l'extériorisation de la Hiérarchie, qui a déjà commencé, s'intensifiera dans les Régions Spirituelles.

De grands centres d'apprentissage et de recherche se développeront sous les tourbillons (vortex) des Régions Spirituelles. De nouveaux enseignements, pertinents pour entrer dans le Nouvel Âge, émaneront de Shambhalla, le centre névralgique éthérique de la Hiérarchie, et se déverseront dans les Régions Spirituelles. Les Maîtres enseigneront et propageront les enseignements de la hiérarchie directement ou par l'entremise d'initiés de haut niveau.

Les centres d'enseignement des Régions Spirituelles, maintiendront les grandes œuvres anciennes et modernes dans des archives qui garantiront la continuité de la Sagesse Ancienne. L'éducation pour vaincre l'ignorance a toujours été l'épine dorsale de l'effort d'extériorisation de la Hiérarchie, car comme le Maître Saint Germain l'a dit à maintes reprises, « S'ils savaient mieux, ils feraient mieux ».

Comme le Nouvel Âge implique transformer notre dimension d'existence, partant de la troisième vers la quatrième dimension; changeant et apprenant à vivre dans une dimension supérieure - la quatrième - cela nécessitant une autre série d'enseignements que la Hiérarchie Spirituelle progressivement transmettra à l'Humanité par le biais d'avatars et d'initiés qui se sont portés volontaires pour cette tâche inquiétante. Nous disons inquiétante parce que de tels enseignants en grand nombre, rencontrèrent une résistance violente et fatale de l'humanité et un rapide rendez-vous avec la pierre tombale.

Les enseignements conduisant à une existence de quatrième dimension seront confiés aux initiés de pointe dans les Régions Spirituelles qui détermineront si ces informations peuvent être délivrées au grand public.

Préservation des archives exotériques et ésotériques

Le fonds d'archives transmis au travers des âges constitueront la base des enseignements de la

Hiérarchie pour éviter que de faux prophètes ne puissent inventer des enseignements à volonté sans que leurs auditoires n'aient à leur disposition les volumes de l'éternelle Sagesse pour toujours vérifier ou invalider ce qui a été dit ou appris. Le besoin de cet étayage n'a jamais été aussi grand en ce monde de large expansion médiatique, attisé par de louches médiums et par de faux prophètes.

Les archives et librairies régionales mystiques, protégées des caprices du climat et de l'inconstance humaine, formeront les fondations de toute humaine entreprise. La loi cosmique, la base de toutes les pensées religieuses ou spirituelles, l'emportera.

Diffusion des enseignements de la Fraternité

Porteurs de lumière et nouveaux disciples sur la Voie sortiront de ces centres dans les Régions Spirituelles pour enseigner ceux là, parmi les populations survivantes qui voudront les écouter. Faisant usage de techniques de communication modernes ayant réchappé aux soulèvements telluriques, les Régions Spirituelles propageront les enseignements de la Hiérarchie aux masses de l'humanité qui comme à aucun autre moment, seront plus réceptives à de tels enseignements.

Libérer les Régions Spirituelles et créer de nouveaux modèles de civilisation

Le monde dont nous émergeons est un régime dans lequel les Forces des Ténèbres contrôlent l'énergie grâce aux monopoles du pétrole, du gaz, du charbon, des secteurs de l'électricité, de l'argent (papier ou électronique) à travers les banques centrales mondiales et l'industrie bancaire, la santé à travers les médicaments et l'industrie des soins de santé, l'information à travers les masses médias, l'alimentation à travers le gigantesque système de transport et distribution alimentaire, les vêtements au travers des ateliers de confection misérables et des réseaux de distribution, les transports de tout types à travers la banque et les systèmes d'emprunt. En outre, ils maintiennent une influence sur les organes gouvernementaux en les soutenants par des prêts et d'autres formes de versement, et par le contrôle des recettes fiscales de leurs organismes. Il s'agit d'une étroite mainmise s'exerçant dans la société aujourd'hui qui empêche l'expression de l'âme au travers de l'apparence physique du corps dans le monde matériel. En utilisant le mouvement Nouvel Âge qui commercialise les enseignements spirituels, les Forces des Ténèbres tentèrent de tordre les enseignements de la Sagesse Ancienne pour suivre cette mainmise. Un exemple illustrant cela, serait la commercialisation de la loi de l'Attraction pour satisfaire le désir de l'ego de devenir riche.

Le contrôle des secteurs ci-dessus institue les chaînes des temps modernes liguées contre l'humain et la libération de l'âme. Dans le Plan Divin, AUCUNE de ces chaînes n'existe. Ainsi, le premier défi faisant face aux populations dans les Régions Spirituelles c'est de briser le contrôle des domaines ci-dessus. La crise financière globale, la guerre, et les transformations de la terre joueront un rôle en libérant les Régions Spirituelles de la mainmise des Forces des Ténèbres. Le chaos est un grand libérateur, car comme les gouvernements nationaux deviennent de plus en plus empêtrés a vouloir se sauver eux-mêmes, poursuivant la guerre, et s'occupant de crises terrestres décisives, les gens vont trouver des occasions de reprendre le contrôle de leur propre économie locale, y compris la production d'électricité, la production alimentaire locale, des services de santé, et d'autres nécessités.

Les modèles communautaires de développement issus de l'expérience ayant atteint une viabilité se propageront aux régions avoisinantes créant un effet d'idées « boule de neige ». D'ici approximativement 2050 à 2060, la plupart des communautés se seront libérées et les peuples de la terre auront pris conscience de la façon dont les Forces des Ténèbres avaient détourné des secteurs clé de leur vie pour leur propre enrichissement.

Énergie gratuite

Le puissant système national et international de réseau électrique que les Forces des Ténèbres contrôlent actuellement sera de plus en plus défié par les prochaines inondations et par les changements géologiques. Les Régions Spirituelles devront négocier pour le retour de centrales électriques et hydroélectriques, y compris les sources d'énergie alternative des conglomérats mondiaux. En d'autres termes, elles devront découpler les centrales électriques locales de l'ensemble de la grille.

La production locale d'électricité est une mesure temporaire qui accordera du temps pour le développement de l'énergie libre. L'énergie gratuite est dérivée en puisant dans le réseau magnétique de la terre pour créer une alternance d'attractions magnétiques qui mettent en marche des machines un peu comme le courant alternatif est utilisé pour faire tourner les moteurs électriques.

Un nouveau paradigme fondé sur l'énergie gratuite se fomente actuellement. Des inventeurs privés ont déjà produit des machines qui peuvent tourner infiniment et ce sera une simple question de temps avant que ces machines à énergie gratuite ne se transforment localement en générateurs. La civilisation n'est pas tenue de marcher à reculons juste parce que les tours bellicistes de la finance et de l'énergie s'écroulent soudainement. Il existe d'autres sources d'énergie qui peuvent maintenir le réseau électrique chargé à son plein régime. Les Régions Spirituelles seront à l'avant-garde de ces régions qui parviendront à l'usage total de l'énergie gratuite.

La monnaie locale d'or et d'argent

Lorsque les systèmes bancaires nationaux et internationaux s'effondreront, les Régions Spirituelles rétabliront l'or et l'argent comme moyens d'échange pour les biens et les services. Ci-dessous, il y a une explication de la fonction de l'or, non seulement employé comme moyen d'échange, mais transportant de grands avantages pour la société en général :

> L'or est un produit usuel, commun dans tous les Âges d'Or parce que son émanation naturelle est une énergie purifiante, équilibrante, vitalisant l'énergie et la force. Il est placé dans la planète par les « Seigneurs en charge, à la création » – ces « Grands Êtres de Vie et d'Amour » qui créent et dirigent les mondes, les systèmes de mondes, et l'expansion

de la lumière dans les êtres et sur eux.

La connaissance extérieure ou intellectuelle de l'humanité se limite à l'intérieur d'une petite - très petite - compréhension du dessein pour lequel l'or existe sur cette planète. Il se développe à l'intérieur de la terre comme une plante et à travers elle, déverse constamment un courant d'énergie purifiant, vitalisant, équilibrant le sol même où nous marchons autant que la croissance des plantes, et l'atmosphère que nous respirons.

L'or a été placé sur terre pour une multitude d'usages, deux de ces plus triviaux et sans importance sont l'usage de l'or comme moyen d'échange et d'ornementation. L'activité supérieure de l'or et sa raison d'être sur terre et en elle, sont la libération de sa qualité inhérente et de son énergie propre permettant de purifier, vivifier, et équilibrer la structure atomique du monde.

Le monde scientifique d'aujourd'hui n'a pas la moindre petite idée encore de cette activité. Toutefois, elle remplit le même usage pour notre planète que des radiateurs le font pour nos habitations. Comme convoyeur de cette énergie, l'or agit en qualité de transformateur pour transmettre la force du soleil dans la substance physique de notre monde, aussi bien que vers la vie évoluant sur lui. L'énergie à l'intérieur de l'or est vraiment la force électronique radiante du soleil, agissant à une octave inférieure. L'or est appelé parfois rayon solaire précipité.

Comme l'énergie à l'intérieur de l'or est d'un taux vibratoire extrêmement élevé, il peut seulement agir sur les plus fines et subtiles expressions de la vie, jusqu'à absorption. Dans tout les « Âges d'Or », ce métal entre en usage abondant et commun auprès de masses de gens, et à chaque fois qu'un tel état apparaît, le développement spirituel de ce peuple atteint un niveau très élevé. Dans ces âges, l'or n'est jamais amassé, mais au contraire, est largement distribué pour l'usage des masses qui en absorbant son énergie purifiante s'élèvent elles-mêmes à une plus grande perfection. Tel est le bon usage de l'or et quand cette loi est consciemment entendue et obéie, l'individu peut tirer n'importe quelle quantité qu'il désire pour lui-même par l'utilisation de cette loi.

En raison des gisements d'or enfouis dans toutes les chaînes de montagnes, on trouve sur ces hauteurs la santé et la vigueur qu'on ne peut trouver ailleurs dans tout autre lieu sur la surface de la terre. Personne n'a jamais entendu parler d'effets préjudiciables arrivant à ceux qui manipulent constamment l'or pur. Bien que dans son état pur, il soit tendre et s'use facilement; toutefois sa vraie qualité est l'accomplissement de ce but dont j'ai parlé à l'instant.

Les plus avancées de ces personnes ont produit beaucoup d'or par précipitation directement à partir de l'Univers. Les dômes de nombreux bâtiments étaient couverts de feuilles d'or pur et les intérieurs décorés avec des bijoux de conception curieuse et pourtant merveilleux. Ces bijoux étaient aussi précipités

—directement à partir de l'Unique éternelle substance.[4]

L'humanité n'a pas encore appris comment manier l'argent et a autorisé le massif détournement de sa fonction vitale entre les mains des Forces des Ténèbres. Au plus d'or elles amassent, au plus il purifiera et rééquilibrera les énergies masculines prépondérantes dont elles usent pour contrôler le monde, peu le savent. Au plus l'or circulera à l'intérieur des Régions Spirituelles, au plus il ajoutera à la vitalité en purifiant et rééquilibrant le pays.

Car comme pour la fonction triviale de l'or en tant que moyen d'échange, la crise globale financière marque la fin de l'ère du mauvais emploi de l'or et de son contrôle par le système bancaire. Apprendre à manier l'or comme monnaie est un objectif pour les prochaines décennies, une caractéristique unique de la vie sur la planète terre. Ainsi les Régions Spirituelles doivent retourner au cours élémentaire d'une école pour la monnaie jusqu'à ce leurs populations aient appris son usage et sa fonction.

Le pouvoir de moyens d'échange (monnaie et troc) retournera au peuple par la libre frappe des monnaies d'or et d'argent. Ceux qui sont capables de battre leurs monnaies en métal d'or et d'argent dans un hôtel des monnaies introduiront progressivement les pièces dans un système local de troc, les échangeant contre des services et des biens. Ainsi, la première mise en circulation d'or et d'argent se propagera comme un moyen pour

---

[4] Extrait de King, Godfre Ray, Les mystères dévoilés, Fondation St Germain Inc, pp 44-46

égaliser les écarts du troc.

Les gens seront aussi capables de trouver l'or dans la nature. Les spirituellement avancés seront capables de le précipiter pour que d'autres s'en servent. Dans les deux cas, ils devront l'apporter à un hôtel des monnaies qui frappera des pièces étalon qui seront partout dans le monde reconnues non pour le dessin ou la tête de l'autorité frappés dessus mais pour la pureté du métal qu'elles contiennent. Ainsi commence un autre épisode humain, où l'or à nouveau circulera comme base d'échange.

La mesure dans laquelle l'or circule et est utilisé librement parmi le peuple dans les Régions Spirituelles servira de baromètre indiquant le niveau de progrès spirituel atteint par sa population.

Imposition

Les Forces des Ténèbres commirent le plus remarquable crime contre l'humanité par le biais de systèmes de taxations bien développés sous le régime des états-nation. Nous mentionnions dans le volume 1 que les services fiscaux de la plupart des pays du monde n'ont jamais été vérifiés ou invités à rendre des comptes sur ce qu'ils collectent. Au travers de ce système, ils ont été capables de «prélever du pot, leur part de crème» avant de transmettre aux gouvernements le reste des miettes, transférant ainsi d'énormes richesses du peuple pour leurs opérations bellicistes.

Les Régions Spirituelles doivent repenser le concept entier de l'imposition. Ce qu'il est devenu aujourd'hui, c'est de l'abus et du vol officialisés pour soutenir la croissance de la bureaucratie.

Santé

Les porteurs de lumière et les nouveaux disciples sur la Voie sortiront de ces Régions Spirituelles pour enseigner aux populations survivantes la grande promesse que Maître Jésus donna au monde. « Médecin, guéris-toi toi-même ». Les méthodes d'auto-guérison qui existent déjà seront diffusées et l'industrie de la santé qui a tant profité des malades sera abandonnée. Des nouveaux remèdes peu coûteux à larges spectres d'efficacité seront découverts et auto-administrés rendant à chacun le plein contrôle sur sa santé.

Des maladies fabriquées, conçues pour enrichir l'industrie pharmaceutique seront révélées et l'individu reprendra le contrôle de sa propre santé.

Éducation des enfants de la Sixième Race Racine

Il est vraisemblable que les enfants nés des porteurs de lumière dans les Régions Spirituelles s'incarneront dans des corps de sixième race-racine et auront besoin de systèmes d'éducation radicalement différents de ce que nous avons maintenant. La sixième race-racine commença à s'incarner en grand nombre partout dans le monde à partir de 1960, et il est probable que ces premières incarnations seront les mieux adaptées pour exercer en tant qu'éducateurs de ces enfants.

La culture actuelle des porteurs de lumière est susceptible d'être un mélange de la septième sous-race de la Cinquième race-racine et la première sous-race de la Sixième. Elles sont toutes deux dotées d'une capacité naturelle d'accéder à d'autres dimensions et sont généralement hautement intelligentes, tant et si bien qu'elles refusent naturellement d'être classées dans un système d'éducation fondé sur les « 3R's » (lire, écrire, et les maths). Les premiers ont tendance à être plus âgés et plus impliqués à tenter de réformer la santé actuelle et les systèmes éducatifs dans l'intérêt de leurs enfants de sixième race-racine pendant que les derniers sont les premiers «volontaires» de la sixième race-racine et ont fait la difficile transition à travers les systèmes de santé et d'éducation concrets. Beaucoup ont été gravement endommagés par le système actuel quand il tentait agressivement de les forcer à se conformer avec le monde actuel au travers des drogues. D'autres ont eu la chance de s'incarner dans de bonnes familles qui les ont protégés et éduqués, facilitant leur adaptation dans le monde de la Cinquième Race-Racine. Ces derniers, s'ils ont été attirés dans les Régions Spirituelles devraient constituer le noyau d'enseignants qui concevront un environnement éducatif de qualité pour les enfants des porteurs de lumière entrant dans la sixième race-racine.

La sixième race-racine est la vague du futur. Son ouverture aux plus hautes dimensions est à la fois une bénédiction et une épreuve en cette période de transition. D'une part, certains possèdent un penchant naturel vers les enseignements spirituels de la Hiérarchie Spirituelle tandis que d'autres, en revanche, peuvent être des victimes faciles des entités capricieuses des plans astraux. Être capable d'exister consciemment sur deux ou trois plans à la fois requiert beaucoup de discernement et de compréhension du monde occulte, ainsi le programme d'éducation, pour la sixième race-racine devrait tendre plus vers une meilleure compréhension de ce monde intérieur que les occultistes chérissent tellement.

Survivre aux inondations

Il va sans dire, que les porteurs de lumière répondant à leurs missions d'âmes profondes seront très probablement parmi les survivants, car ils se sont incarnés expressément pour être ici durant cette grande transition et déterminant pour la mise en œuvre du Plan Divin. Cependant, qu'en est-il du reste de la population?

Monades des Pitris lunaires - Les survivants probables

Ceux qui survivront à ces tumultueux évènements seront probablement les incarnations que les ésotéristes appellent les monades lunaires, *pitri*. Héléna P. Blavatsky, dans *La Doctrine Secrète,* révéla que la lune, considérée par les astronomes comme un satellite de la terre, est en réalité la mère de notre terre.[5] A la fin de sa dernière ronde planétaire, la lune devint une planète à l'abandon en processus d'autodestruction. Ses habitants retournèrent à leurs formes monadiques ou entrèrent dans un *pralaya* majeur ou période de repos, seulement pour apparaître sur la planète terre et reprendre leur voyage d'évolution.

---

[5] Pour une explication des interactions entre la chaîne lunaire et les chaînes terrestres de globe, voyez HPB, *La Doctrine Secrète*, vol. 1 pp.173-175.

Ces monades, H.P. Blavatsky les définit comme suit :

> Les ancêtres de l'Homme, appelés en Inde « Pères », Pitara ou *Pitris* sont les créateurs de nos corps et principes inférieurs. Ils sont nous-mêmes, en tant que personnalités premières et nous sommes eux. L'homme primitif devait être « l'os de leur os et la chair de leur chair », s'ils avaient corps et chair. Comme déclaré, ils étaient « des êtres lunaires ».[6]

Nous pouvons déduire de cette citation que depuis, ce stock de monades lunaires pitris représente le groupe original de monades, toujours en évolution, dont nous faisons partie, qu'elles survivront aux grands chocs des décennies à venir cela faisant partie du cadre de leur voyage d'évolution sur terre.

En se rapportant au diagramme du Grand Cycle dans le Tome 2, les monades qui prirent forme à partir de la Première Ronde jusqu'à la Quatrième Ronde, connurent des millions d'années d'involution. Au départ de créatures éthérées, elles ont progressivement compactés en chair et en os les êtres humains que nous sommes aujourd'hui. Dans la Quatrième Ronde qui se déroule sur la planète terre, ces monades alors façonnèrent dans la cinquième race-racine, un processus évolutif qui a rendu la forme humaine plus petite et plus compacte (c.-à-d. densément matérielle) cela au cours de millions d'années.

Il y a 400 ans ces monades, qui à cette époque

---

[6] Blavatsky, HP, *La Doctrine Secrète*, v 2, 1.1 Stanza 4, Adyar : La société Théosophique Vasanta Press, p. 88.

incarnaient des corps de cinquième race-racine, atteignirent le point de mi-parcours du Grand Cycle et à partir de ce point, le processus d'évolution commença à inverser le processus de compactage.

Les corps humains que nous incarnons aujourd'hui se présentent de manière légèrement moins dense que ceux d'il y a 400 ans et sont l'ultime étape de la cinquième race-racine. Chevauchant cette dernière étape, s'inscrit la nouvelle sixième race-racine. Donc ce que nous allons vivre au cours des deux prochains siècles, est la reprise progressive de la première sous race de la sixième race-racine qui nous mènera dans la prochaine cinquième sous-ronde de la Quatrième Ronde.

Tous les Maîtres qui ont évolué grâce à l'expérience terrestre; leurs initiés, les porteurs de lumière en incarnation aujourd'hui, une part actuelle de la population générale, au total un à deux milliards d'âmes en incarnation à ce moment donné, représentent le stock des *pitris* lunaires dont il est vraisemblable qu'il survive à la présente confusion, y compris aux inondations.

Population de traînards: Ceux qui ne survivront pas

La terre étant dans la zone de libre arbitre de l'Univers, a été l'hôte de nombreuses halte-accueils à partir des évolutions similaires d'autres systèmes solaires. Certains les appellent traînards d'autres évolutions, certains les qualifient de parasites. Les petites populations de traînards remontent à plusieurs millénaires quand elles commençaient à s'incarner sur terre dans des corps de troisième ou quatrième race-racine. Leurs descendants constituent le noyau des Forces des Ténèbres qui contrôlent la terre aujourd'hui.

À partir du moment où nous avons franchi le point à mi-chemin au bas de la Quatrième Ronde, plus aucune monade lunaire *pitri* n'a été autorisée à venir sur terre :

> ...à ce point, et sur ce cycle de Quatrième Ronde dans laquelle l'étape de l'homme sera pleinement développée, la « Porte » dans le royaume humain se ferme; et désormais le nombre de monades « humaines », à savoir, des monades au stade humain de développement, est complet. Pour les monades qui n'avaient pas atteint le stade humain à ce point, en raison de l'évolution de l'humanité elle-même, et qui se trouvent si loin derrière elle qu'elles atteindront le stade humain seulement à la clôture de la septième et dernière ronde. Elles ne seront donc pas des Hommes sur cette chaîne, mais formeront l'humanité d'un Manvantara futur et seront récompensées en devenant « Hommes » sur une chaîne supérieure somme toute, recevant ainsi leur rétribution karmique.[7]

Ainsi, nous pouvons conclure qu'un nombre prédestiné de monades est appelé a évoluer sur la terre et à survivre aux changements terrestres à venir.

Nous attribuons l'explosion démographique sans précédent pendant ces quelques siècles passés, au grand nombre de *pitris* non-lunaires,

---

[7] Blavatsky, Helena P. *The Secret Doctrine*, Vol. 1, p.173

parasites. Ces incarnations de traînards rendent compte du manque d'homogénéité de la terre, la distinguant d'autres planètes du système solaire de par son haut niveau de conflits et de disharmonie. Les Forces des Ténèbres ont employé cet afflux d'incarnations principalement comme des laquais à leur service, pour promouvoir leur contrôle sur la terre.

Une fois que la terre aura subi son nettoyage, le stock survivant de la monade des pitris lunaires se verra accorder une autre opportunité de regagner sa voie d'évolution après de douloureux millénaires d'oppression sous la compagnie des traînards. C'est un des points de repère majeur du processus de filtrage en cours.

Cependant il reste une question de choix, à avoir si les incarnations des monades de *pitris* lunaires saisiront cette occasion de redresser la situation sur terre et pourront poursuivre leur évolution comme étant les habitants légitimes de cette planète.

Nature variée des populations survivantes

Parmi les incarnations survivantes du stock de *pitris* lunaires, il existe des différences. Depuis le début, chaque monade choisit sa voie et par la suite évolue en voies diverses. Ceux qui poursuivent le long de la voie de la Hiérarchie Spirituelle un jour ou l'autre deviendront des Maîtres; tandis que d'autres, sous l'influence des traînards, se développeront dans le chemin des ténèbres jusqu'à ce qu'ils se réveillent. Ainsi nous allons continuer à voir le bien et le mal, exceptés les mauvais qui seront, on l'espère, plus enclins à la rédemption,

Ch 2 Refuges d'Espoir dans la Tourmente

dans la mesure où ils ne sont pas des incarnations irrémédiables.

L'Armée Monadique peut être rudement divisée en trois grandes classes ainsi que H.P.Blavatsky le déclare:

> Les monades les plus développées (les dieux lunaires ou «esprits», appelés en Inde les *Pitris*), dont la fonction est de passer dans la première ronde au travers du triple cycle des royaumes minéraux, végétaux et animaux dans leurs plus éthérées, voilées et rudimentaires formes pour se vêtir elles-mêmes et assimiler la nature de la chaîne nouvellement créée. Elles sont celles qui les premières ont atteint la forme humaine (s'il peut y avoir une forme quelconque dans le domaine du presque subjectif) sur le Globe A dans la première Ronde. Ce sont elles, donc, qui dirigent et représentent l'élément humain durant les seconde et troisième rondes, et finalement déroulent leurs ombres au début de la Quatrième Ronde pour la seconde classe, ou celles qui viennent derrière elles.
>
> Ces monades sont les premières à atteindre l'étape humaine durant la Ronde Trois et Demi, et à devenir des Hommes.
>
> Les traînards, les Monades qui sont retardées, et qui pour des raisons d'obstacles karmiques, n'atteindront pas du tout le stade humain durant le cycle ou la ronde...[8]

Ces traînards auxquels il est fait allusion dans

---

[8] Blavatsky,H.P. *Écrits réunis*, vol. VII novembre 1886.

cette citation sont les *pitris* lunaires trop lents. Ainsi parmi les *pitris* lunaires, il y a des différences de développement.

> Comme les traînards dans une race luttent et avancent dans leur premier quartier pendant que les fléchettes des vainqueurs outrepassent le but, ainsi, dans la race de l'immortalité, quelques âmes surpassent le reste et atteignent la fin du parcours, pendant que leur myriade de concurrentes peinent sous le poids de la matière à proximité du point de départ. Certaines tombent entièrement et perdent toute chance de récompense, certaines encore reviennent sur leurs pas et recommencent.[9]

Nous pouvons donc conclure que le fait que la majorité des survivants représentera les monades des stocks originaux, cela ne signifie pas que nous entrons dans un âge où le bon et le mauvais n'existent pas. La terre continuera d'entretenir un état de dualité peuplé par une minorité de *pitris* lunaires avancés, autant qu'une grande majorité des Monades de *pitris* lunaires, toutes luttant pour réaliser la perfection dans leurs formes incarnées.

La principale différence cette fois, c'est que la majorité des survivants des changements terrestres attendus sera autorisée de reprendre sa voie révolutionnaire sans empêchement aucun venant de l'écrasante puissance des Forces des Ténèbres. En outre, une plus grande homogénéité entre les survivants aboutira à moins de conflits; et un Âge d'Or de paix et tranquillité pourra émerger comme une possibilité praticable, réaliste plutôt qu'un rêve

---

[9] Idem

chimérique illusoire.

Dirigeants parmi les Monades de Pitris lunaires

Les porteurs de lumière représentent les Monades de *pitris* lunaires qui ont pris la voie rapide de l'initiation au cours d'incarnations précédentes et qui se sont incarnés durant cette période pour guider l'humanité vers une nouvelle société. Les actuels gouvernements et la direction des affaires s'effondreront avec leurs bureaucraties respectives et laisseront un vide. Les porteurs de lumière apparaîtront pour prendre leur place, pas nécessairement dans la même sorte d'institutions mais plutôt comme des guides spirituels apportant des solutions alternatives pour vivre dans un nouveau contexte.

En tant que guides, ils dirigeront la voie menant au rééquilibrage de la terre après la sortie des Forces des Ténèbres. Mais la grande majorité de la population des survivants restera sur la voie lente mais néanmoins véritablement révolutionnaire durant la Quatrième Ronde.

Conclusions

Alors que nous nous frayons un chemin à travers la Quatrième Ronde, survivant à la crise financière globale, à une guerre mondiale et à des bouleversements géologiques terrestres, les Régions Spirituelles montreront le chemin en façonnant le Nouvel Âge. Ces régions créeront d'abord l'ordre à partir du chaos et mettront en place la société de transition qui choisit de sélectionner le bon de l'ancien et applique de nouveaux principes d'expression de l'âme. Alors que le reste du monde se démène avec la sortie des Forces des Ténèbres et les changements géo-climatiques, il lèvera les yeux vers les Régions Spirituelles pour sa consolation, son inspiration et pour un futur plus prometteur.

Chapitre 3
Guérison du corps mental terrestre

Étant à la base de la bataille qui se déroule sur le plan terrestre, une transmutation de la matière est en cours qui opère la guérison des corps mentaux de l'humanité et de la terre elle-même. Au chapitre 1, nous résumions brièvement l'état maladif du monde d'aujourd'hui et expliquions comment il a été capable de perdurer en raison de la prédominance des Forces des Ténèbres qui manipulèrent le corps émotionnel de l'humanité au travers du plan astral. Une guérison d'ensemble de cette condition s'opère, attribuable à la nature véritable de la matière.

Même pendant les jours sombres de la transition vers le Nouvel Âge, l'humanité continuera de se développer, car comme le maître Kuthumi le suggère dans la citation ci-dessous, la matière reste indestructible et existe pour changer de formes, combinaisons, propriétés au cours de l'évolution.

La matière que nous savons être éternelle c'est-à-dire n'ayant eu aucun commencement (a) que ce qui ne peut s'annihiler soi-même et est indestructible existe nécessairement et donc il ne pouvait commencer à exister, ni non plus cesser d'être parce que l'expérience de siècles innombrables et celle de la science exacte nous montre la matière (ou la nature) agissant par sa propre énergie singulière dont aucun atome jamais n'est en repos complet, et donc elle doit avoir toujours existé, par exemple ses matériaux sont toujours en train de changer de forme et ses principes ou éléments actifs restent absolument indestructibles.

...nous croyons à la MATIÈRE seule, à la seule matière sous la forme de la Nature visible, et à la matière considérée dans son invisibilité comme le Protéus invisible, omniprésent et omnipotent, au mouvement incessant qui est la vie et que la nature tire d'elle-même, puisqu'elle est le grand tout en dehors duquel rien ne peut exister.[10] *(Italiques ajoutés)*

L'état particulier de la matière concrète que nous connaissons comme notre monde tridimensionnel était et est toujours en changement perpétuel, variant de « forme, combinaisons et propriétés ». La grande différence durant cette période, c'est la vitesse à laquelle ce changement continuel ou ce processus de transmutation se déroule sous l'accélération.

Loi cosmique de la destruction

La transmutation dans cette période particulière est colorée par la loi cosmique de la Destruction. Pour beaucoup d'étudiants en

---

[10] Sinnett A. P. *Les lettres des Mahatmas* lettre n°10 écrite par le Maître Kuthumi autour de 1881 Pasadena: Theosophical University 1992. p.56.

ésotérisme, la destruction va à l'encontre de tout ce qu'ils ont étudié dans les enseignements du Nouvel Âge qui leur ont seulement proposé l'unilatérale spiritualité du « bien être ». Mais comme nous le mentionnions dans les chapitres précédents, la nature de la création de l'univers est cyclique, et chaque cycle croît et décroît. La destruction prend place dans le stade décroissant d'un cycle avant qu'un nouveau cycle ne puisse débuter. L'ancien doit être abandonné et transmuté dans une forme différente. Donc, beaucoup de transmutations ayant cours aujourd'hui ressembleront à de la destruction, mais derrière la destruction se tient le phénix qui s'élèvera de nouveau.

Transmuter la forme concrète

Durant les siècles passés, le défi de la forme concrète de la Cinquième Race-Racine a été d'exprimer l'intelligence et la lumière au travers de la matière concrète. Les antiques pyramides égyptiennes, persistantes en tant que symboles de matière dense, sont façonnées pour indiquer la voie ascendante, et le chemin vers une forme plus légère.

Détachement de la matière dense

Les bouleversements massifs du vingtième siècle, qui incluent d'innombrables guerres régionales et deux grandes guerres mondiales, ont non seulement tué des millions de personnes mais ont déraciné et déplacé des milliards. Ce processus se continue jusqu'à aujourd'hui.

Le 26 décembre 2004, un tsunami balaya l'Asie du sud et déplaça environ un million de personnes.

Plus tard, à l'été 2005, l'ouragan Katrina s'est abattu sur la Nouvelle Orléans et déplaça plus d'un million de personnes. Ce sont seulement deux des plus importants cas d'inondations, mais d'innombrables inondations et déplacements de population ont déjà eu lieu sans couverture médiatique.[11] Ces évènements donnent des avertissements de ce qui risque d'arriver à de plus grandes fréquences dans les années à venir. Les changements géologiques croissants et le chaos qui résulte des déplacements massifs de populations défieront l'attachement des humains à leur existence matérielle.

L'écroulement des systèmes financiers et la dépression économique qui s'en suit sont également des signaux adressés à l'humanité pour qu'elle établisse l'inventaire de ce dont elle a véritablement besoin pour exister sur cette terre. Ces facteurs majeurs - l'effondrement économique, les guerres et les changements géologiques - obligeront l'humanité a se détacher de ses possessions matérielles, ne gardant que le strict nécessaire et abandonnant ce qui n'est pas utile.

Changement d'origine racial

Le changement d'origine racial va de pair avec la transmutation générale de la terre vers une planète physique moins dense. Durant les cinq prochaines décennies, nous serons témoins de l'entrée continue de deux nouvelles origines raciales. La très concrète souche de Cinquième

---

[11] Pour consulter une liste des inondations autour du monde depuis 1985, il faut se reporter aux archives de l'Observatoire des Inondations de Dartmouth http://www.edu/ floods/ Archives/ index.html

Race-Racine cédera le passage aux corps physiques allégés de la sixième Race-Racine entrante. Ceux qui sont aujourd'hui dans des corps de Cinquième Race-Racine choisiront très probablement des corps de Sixième Race-Racine pour leurs futures incarnations, un transfert de la forme dense à la forme plus légère.

Transmutation accélérée

Comme exposé ci-dessus, la matière dense elle-même qui comprend ensemble la terre et ses habitants, est toujours sujette à des changements fréquents; et ce qui rend cette période encore plus remarquable, c'est la rapidité du processus de transmutation causé par l'accélération.

La transmutation orientera l'humanité progressivement à rebours sur le chemin de l'évolution durant le temps où l'humanité s'adaptera aux énergies entrantes accélérées. Si son véhicule actuel ne peut se conformer à l'accélération, il périra et se réincarnera dans une forme plus appropriée, probablement un corps de Sixième Race-Racine, comme il peut revenir dans une forme corporelle plus avancée de Cinquième Race-Racine puisque le chevauchement des deux races-racines se poursuivra un certain temps.

La Cinquième Race-Racine peut consciemment prendre la décision de s'adapter aux vibrations de l'accélération. Plusieurs de ces incarnations endossent des véhicules de la Septième ou dernière *sous-race* de la Cinquième Race-Racine et sont incarnés pour assurer la transition de la présente civilisation vers le Nouvel Âge. Leur connaissance du bien et du mal permettra à l'humanité de reconstruire notre civilisation basée sur le maintient du bon de notre civilisation actuelle et en posant les fondations pour la progression de l'humanité vers une éventuelle vie dans le Nouvel Âge ou la Quatrième Dimension. Leur présence, surtout celle des premiers porteurs de lumière qui choisirent ce type de véhicule, est vitale pour la transition.

Néanmoins, ils seront soumis à de plus hautes vibrations que n'importe qui d'autre, et au travers de la méditation ils pourront ajuster leurs vibrations et s'adapter à la montée en puissance des énergies. Ceci parce qu'étant de la dernière sous-race de la Cinquième Race-Racine, leur équipement corporel partage quelques caractéristiques similaires avec les incarnations entrantes de la Sixième Race-Racine. Comme ils s'ajustent à de plus hautes vibrations, ils connaîtront une perte de densité pondérale, expérimenteront la vision éthérique et bénéficieront d'une plus grande ouverture aux autres dimensions.

Conformément à la loi cosmique de Destruction, l'accélération filtre aussi « tout ce qui ne sert pas l'humanité » dans un régime d'argent, de gratification sensuelle fondé sur les instincts bestiaux de l'humanité et sur la guerre. Toutefois, les forces cosmiques se révèleront être plus convaincantes. La transmutation prendra place, peu importe si les Forces des Ténèbres la veulent ou pas.

Ainsi, trois facteurs contribuent à la transmutation de la forme dense en une forme plus légère: 1) la loi Cosmique de Destruction à la fin du cycle et son processus de détachement des avantages matériels; 2) le changement d'origine racial; et 3) une accélération de tous les atomes qui enferment tous les niveaux vibratoires de la matière.

Guérison du Corps Mental: une attention particulière

Les Grands Esprits Cosmiques qui forment l'esprit de l'extension au-dessus et au-delà de la planète terre sont concentrés sur la guérison de la planète et ses occupants: le genre humain. Ils ont noté qu'une grande guérison du plan mental de la terre autant que des corps mentaux de l'humanité s'avère nécessaire après des éons d'utilisation abusive par les forces obscures.

Ces Grands Esprits Cosmiques décidèrent que le meilleur chemin pour encourager cette guérison était de faire bouger tout plus vite, par exemple, accélérer la transmutation de la matière à tous les niveaux durant cette période de cinquante années avec un accent spécial porté sur la guérison du corps mental inférieur. Cette guérison est nécessaire pour préparer la terre et l'humanité à leur entrée dans le Nouvel Âge ou la Quatrième Dimension quand l'esprit dominera les émotions.

Le corps mental est le générateur de toutes les formes-pensées qui finalement prendront forme dans la matière dense. Si cela ne fonctionne pas en accord avec le Plan Divin, l'humanité ne pourra avancer dans le processus d'évolution. Au cours des derniers siècles, la conscience globale a été tordue et déformée pour servir les desseins des Forces des Ténèbres. Le syndrome de « chacun pour soi » caractérise les principaux schémas de pensée qui imprègnent la pensée sur terre, de l'enfant dans la cour de récréation, jusqu'aux interactions entre les nations.

Comme une transmutation accélérée de la matière s'opère, cela enlèvera les blocages qui entravaient le fonctionnement et le développement du corps mental. Cela augmentera les vibrations dans le plan du mental inférieur et celles des corps (soumis à son influence) qui composent avec l'intelligence concrète, exposent les machinations cachées, les actions criminelles, les faux raisonnements, sophismes, fictions, contrevérités et fantaisies qui constituent aujourd'hui la colonne vertébrale du régime des Forces Sombre. L'accélération de la matière mentale élèvera des formes-pensées hors du brouillard du matérialisme et de l'égoïsme et commencera une guérison consciente du corps mental.

Les tendances vers la guérison du corps mentale de la terre : les 4 D

Les tendances orientant la guérison du corps mental de la terre seront: 1) la désensualisation, 2) la démilitarisation, 3) la dépolitisation et 4) la démonétisation. Tout cela représente ce qui doit être expurgé du mental inférieur de la terre et de son humanité.

Désensualisation

Beaucoup d'éléments de notre vie ont été « sensualisés » afin de créer un désir de liaison pour la vie dans le physique dense. L'intellect mental inférieur a créé des stratégies de commercialisation qui utilisent « l'accroche sexuelle » dans leur publicité pour vendre des biens et des services. L'accroche sexuelle conditionne les standards de ce que chacun porte, de comment chacun parle, mange ou écoute, de comment l'on s'habille et quel parfum l'on met, comment l'on se coiffe, etc. Beaucoup passent leur vie à incarner des images publicitaires projetées sur eux.

L'hameçon sexuel est aussi employé pour promouvoir des dépendances, non seulement à caractère sexuel mais aussi pour fumer le tabac et la marijuana, pour absorber l'alcool, les drogues et les autres comportements obsessionnels. « Se sentir bien » physiquement devient le but ultime dans la vie. De plus, les addictions exposent la personne à la possession d'entités qui exacerbent la dépendance.

Les Forces des Ténèbres savent que le sexe est l'accroche la plus facile dont elles peuvent user pour lier la personnalité humaine à ses instincts bestiaux et contrecarrer l'évolution du genre humain. Mais comme l'accélération se poursuit, la structure atomique entière du plan terrestre va s'accélérer et le corps humain soit s'adaptera et se haussera hors d'atteinte du crochet sensuel ou il expirera. À ce moment, le crochet sensuel n'aura plus aucun effet.

L'accélération descend à travers le plan mental, puis au travers de l'astral, de l'éthérique pour atteindre finalement le plan physique. Pendant qu'elle balaye le plan mental, les corps mentaux de la plupart des gens seront activés et incités à la sagesse de matières mentales plus élevées. Certains ne seront pas en mesure de gérer l'activation et deviendront fou ou mourrons. Ceux qui survivront à l'accélération de la matière mentale le feront seulement si le corps mental est suffisamment activé pour prendre connaissance qu'ils doivent contrôler les extrêmes astraux.

Avec un corps mental activé, les gens atteindront un point où ils seront capables de penser par eux-mêmes en-dehors des dépendances et des comportements abusifs. Le résultat sera une meilleure santé et une longévité dans un monde plus propre et moins pollué. De fait, vivre jusqu'à 100 ans d'âge deviendra chose courante à nouveau.

Démilitarisation

Ceux qui ont créent les guerres pour du profit et sont ancrés dans le mental inférieur et dans des corps astraux seront sommairement balayés par l'accélération. La démilitarisation résultera de la défaite dévastatrice de Forces des Ténèbres et prendra cours lorsque les machines de guerre énormes et secrètes des Forces des Ténèbres seront exposées et détruites. Il n'y aura plus de « guerre pour le profit », et l'argent et les efforts dépensés dans cette activité cul-de-sac seront dirigés vers des bénéfices paisibles pour l'humanité. Le rêve longtemps tenu «des épées aux socs de charrues» deviendra une réalité à l'instant où des porteurs de lumière déterminés tenant des positions clés autour du monde commenceront un véritable processus de démantèlement et de destruction de la machinerie guerrière.

La démilitarisation sur terre conduira au remaniement des organisations internationales telles que les Nations Unies et ses membres autant qu'à la rupture de l'état-nation souverain. C'est le principe de souveraineté des état-nations souverains qui a perpétué l'organisation de guerres nationales. Les Nations Unies furent établies sur la reconnaissance de la souveraineté nationale, d'où les nations sont essentiellement libres de faire ce qui leur plait. C'est justement la voie que les Forces des Ténèbres souhaitaient, car tout ce qu'elles avaient besoin de faire, c'était détourner un état, utiliser ses ressources pour faire la guerre et invoquer le principe de souveraineté nationale pour se protéger des neutralisations. En conséquence, les Nations Unies échouèrent à aboutir à quelque chose qui soit proche de la paix dans le monde.

Alors que nous avançons vers le Nouvel Âge, un monde sans frontières est le but de la Hiérarchie Spirituelle, et ceci n'est pas le nouvel ordre mondial dont parlent les conspirations. Ce sera un nouvel ordre mondial fondé sur l'élaboration et la mise en œuvre du Plan Divin. Il comprendra divers groupes autour du globe qui représentent les aspects variés de ce Plan. Une multitude de groupes nés des Lois Cosmiques d'Attraction et de Cohésion manifesteront des plans d'âme de groupe qui s'alvéoleront en nid d'abeille dans une nouvelle organisation mondiale engagée à implanter le Plan Divin. Ainsi avec la démilitarisation enfin viendra « Sur terre, paix et bonne volonté envers les hommes ».

Démonétisation

Le processus de filtrage remplace la matière de vibration basse par une autre plus haute. L'effet tend à précipiter le monde des banques centrales et le contrôle de la fabrication de l'argent papier dans le désarroi au moment où la matière de vibration basse est transmutée en sa forme plus élevée. Le système bancaire central mourra sur la vigne. Cette transmutation sapera aussi la base monétaire des armées et de l'industrie militaire, les industries de l'énergie, les corporations mondialisées et les médias planétaires.

En dehors de la crise financière, le monde perdra sa confiance et rejettera la monnaie papier autorisée car les Forces des Ténèbres et leurs gouvernements homologues ont utilisé cette monnaie factice pour voler des valeurs de la poche de chacun. Le voile est déjà en train de se lever sur la complicité intime des mondes bancaires et gouvernementaux, et leur talent pour duper le monde s'évapore. Le krach du système bancaire au bout du compte démontera l'ensemble d'un système ignominieux de fiscalité dans tous les pays et mettra donc les gouvernements à genoux aboutissant à une réduction significative et générale de leurs fonctions et de leurs pouvoirs et finalement à leur disparition.

L'humanité passera par une période où le troc sera employé comme principal moyen d'échange. Ce temporaire moyen d'échange permettra à l'humanité de réapprendre la vraie valeur des choses. La reconnaissance universelle de la valeur de l'or sera un autre élément stabilisateur dans les échanges de bien et de services au cours de la période à venir des changements terrestres.

Dans les Régions Spirituelles, la moralité envers l'argent changera dès que l'offre et la demande entreront en équilibre, et ce but longtemps recherché s'étendra davantage à la population générale de la terre, à condition que l'égoïsme puisse être conquis. L'actuelle économie est fondée sur un constant état de manque ou de pénurie. En fait les sciences économiques, en tant que discipline académique, se basent sur la prémisse de la rareté, et ceci est tambouriné dans les esprits des étudiants et du public comme vérité révélée.

L'équilibre entre offre et demande se manifestera dès que les riches donneront aux pauvres. Il est à espérer que bien avant 2050-2060 une redistribution majeure des richesses intervienne nivelant le grand écart entre les riches et les pauvres en accord avec le Plan Divin. Ceci n'est pas un rêve inaccessible dans l'univers, car en tout endroit de l'univers cela existe excepté sur terre.

Cet équilibre d'offre et de demande sera d'abord démontré dans les Régions Spirituelles qui posséderont les mêmes pratiques de production et d'échange augmentées si nécessaire par la précipitation de marchandises pour rééquilibrer n'importe quelle disparité entre l'offre et la demande.

Dépolitisation

Il est dit que la politique revient à manœuvrer et à négocier la redistribution de la richesse parmi les gens. Viendra alors la prise de conscience publique que les gouvernements nationaux et la bureaucratie internationale cherchent seulement à satisfaire leurs intérêts propres et sont probablement les pires médiateurs de biens de la société jamais inventé. Ils se sont toujours servis eux-mêmes en premier, avant les besoins du peuple et n'étaient pas destinés à agir comme arbitres des richesses. Cette prise de conscience deviendra plus effective à mesure que la corruption sera exposée et que les organisations échoueront a venir à la rescousse de leurs citoyens en des temps de grande nécessité, spécialement durant les changements terrestres cataclysmiques.

L'humanité prendra conscience de la nature parasitaire inhérente des bureaucraties et comment elles servent et satisfont une classe de politiciens et de fonctionnaires, qui au nom de l'intérêt public, en réalité travaillent pour les Forces des Ténèbres. Les évènements tumultueux qui débutent avec la crise financière mondiale et nous entraînent vers des bouleversements géophysiques vont déchirer le voile. Au cours de la prochaine génération, ces organisations disparaîtront progressivement et ceci représente le dernier boulet de chaîne entravant la conscience de masse à devoir être enlevé.

Les médias plutôt que de fonctionner en tant qu'outil de propagande des gouvernements et des politiciens, dépolitiseront les évènements à mesure qu'ils rendront compte et signaleront les aspects positifs des gens simples et comment ces personnes du peuple en aident d'autres. Ce ne sera pas l'habituel « bien être » d'essorage que les Forces des Ténèbres emploient pour duper le public. Au lieu de cela, les nouvelles d'information sensibiliseront le public à la situation critique de leurs frères et diront ce que chacun doit entreprendre pour aider son voisin. C'est une progression à l'échelle de la terre entière, indépendamment, une fois que les gens saisissent que ce qui est sur terre est à l'usage de toute l'humanité, alors la planète progresse. Tout est partagé, tout est distribué correctement. Et c'est une prise de conscience mentale, pas émotionnelle.

Ainsi ces quatre larges tendances de la transmutation de la matière que sont la désensualisation, la démilitarisation, la démonétisation, et la dépolitisation constituent la guérison mentale qui prendra cours dans les cinquantes prochaines années.

Résumés d'expression d'âme

Quand la transmutation du plus dense au plus léger de la matière aura eu lieu, l'humanité reprendra la leçon terrestre qui consiste à autoriser la lumière et l'intelligence de l'âme à se manifester au travers du corps physique- un but qui a échappé à l'humanité pendant des milliers d'années. Avec les éléments des Forces des Ténèbres pratiquement éliminés, l'humanité doit faire le « rattrapage » durant cette période de cinq décennies.

Bien que la formule pour l'expression de l'âme exposée dans les sûtras sacrés de Patanjali aie été mise en veilleuse, elle reste pertinente et praticable. Que la libération de l'âme parmi les masses survivantes puisse avoir lieu en un temps aussi court reste à voir, mais l'optimisme sans fin de la Hiérarchie Spirituelle et son grand espoir pour le genre humain ne cesseront jamais.

Le Processus de Transmutation sous-tend tout Changement

À mesure que l'âme se manifeste de plus en plus clairement à travers le corps physique, le corps augmente en vibrations et donc gagne en capacités pour percevoir la matière dans son propre contexte, c'est-à-dire juste comme une autre forme d'énergie ou substance qui compose l'univers. C'est ce que Héléna P. Blavatsky nomma comme la capacité à percevoir la perméabilité de la matière. En d'autres mots, la matière n'est pas aussi solide que nous la concevons aujourd'hui et quand cette prise de conscience se fera jour, le chercheur spirituel sera en mesure de démontrer son autorité sur la matière dense, démontrant l'indispensable, guérissant des malades et même triomphant de la mort.

Les émotions tombent sous le contrôle mental

Les émotions lient le genre humain à la matière dense parce qu'elles opèrent au départ des chakras inférieurs. Les Forces des Ténèbres contrôlent l'humanité au travers de ses émotions-- ses peurs, désirs, la promiscuité sexuelle, la gamme entière des dépendances et des maladies psychologiques-- et elles utilisent la magie noire, la propagande et la désinformation pour maintenir leur emprise sur l'humanité.

Comme les énergies accélérées filtrent vers le bas au départ de nos véhicules supérieurs, elles enclenchent aussi le corps mental supérieur à recevoir et à transmettre les impulsions de l'âme à la personnalité physique. Par cette véritable accélération, le corps astral ou corps émotionnel se range sous la maîtrise du corps mental. Cela aidera à tempérer les habituelles réponses émotionnelles du genre humain par plus de raisonnement et de réflexion.

Avec l'augmentation individuelle de la maîtrise de soi, «la mentalité de troupeau» sur laquelle les Forces des Ténèbres ont capitalisé s'estompera. Même aujourd'hui l'augmentation du niveau de discernement rend plus difficile aux gouvernements de faire tourner la vérité en puisant dans la peur ou dans l'excitation émotionnelle. C'est un début de scepticisme général, un signe que le mental est en train de prendre le pouvoir. Mais la clé pour atteindre cette étape est la maîtrise individuelle des émotions et la modération des réponses émotionnelles collectives.

Vision éthérique et véracité

Dans deux ou trois décennies - un temps très court en terme d'évolution - nous pouvons nous attendre à ce que l'ensemble de la population réacquiert la vision éthérique et pratique davantage la communication télépathique. Ces deux-là avancent main dans la main.

La vision éthérique est la capacité pour l'œil physiologique de voir la matière éthérique, le premier niveau de la matière invisible derrière le monde physique. Pour l'œil physiologique, cette dimension de la matière est normalement invisible. Mais ceux qui possèdent la vision éthérique peuvent voir les auras, les fées, les corps éthériques de personnes décédées, les champs d'énergie enveloppant les objets animés ou inanimés--tout cela avec l'œil physiologique. Cependant étant donné l'actuelle condition d'engourdissement matériel, la population dans son ensemble a étouffé ce talent. Ceux qui gravitent près des Régions Spirituelles bien entendu, retrouveront cette capacité.

La vision éthérique est déjà très répandue

parmi les porteurs de lumière. La transmutation accélérée de la matière jouera un grand rôle en stimulant les cellules du cerveau pour capter tout l'éventail de ce que l'œil humain est capable d'observer. Quand la vision éthérique sera généralisée dans la population, cela devrait signaler que la transmutation du dense au plus léger prend le dessus.

La ré-acquisition de la vision éthérique déclenchera un âge de vérité. Les corps et cerveaux denses fournissent de très bonnes cachettes pour les mensonges et les déceptions. Mais le corps éthérique réagit en désordre au mensonge ou aux zones grises de contre-vérités. Les changements de modèle d'énergie visible peuvent trahir des pensées cachées et des actions et les amener à la surface. Ainsi, la vision éthérique nous permettra de voir la dissonance des énergies, exposera pirouettes et mensonges et donnera au genre humain une meilleure perception de la véracité des choses.

Comme la société transite à travers les cinq prochaines décennies, il y aura plus de bouleversements à tous les niveaux de la société à mesure que de profonds mensonges remonteront à la surface. Les gens laisseront échapper des secrets longtemps gardés et exposeront leurs côté plus sombres et dissimulés. Cela est en train de se produire aujourd'hui dans ses formes les plus grossières par exemple en politique et cela se répandra dans la société humaine jusqu'à ce que tout soit nettoyé pour le mieux.

Les nouvelles incarnations de la Sixième Race Racine, possèdent naturellement la vision éthérique, qui est actuellement réprimée comme étant « bizarre ». Quand les incarnations jeunes et adultes de la Sixième Race Racine réalisent que cette capacité doit être augmentée plutôt que contenue, la vision éthérique deviendra plus largement répandue et acceptée. Les médias parleront de la vision éthérique et des exercices qui l'augmentent. Ceux-ci incluent certaines techniques de méditation et des exercices de concentration. Ainsi, dans un monde de vision accrue améliorée, les mensonges diminuent et la vérité sera de nouveau une vertu. Un autre voile de la matière dense concrète aura été percé.

Communication télépathique

La communication télépathique entre deux individus est déjà largement répandue. Les idées et les messages passent à travers les sentiers des sous-plans éthériques inférieurs et sont la preuve que nous sommes déjà confrontés dans une certaine mesure, avec une autre dimension, la Quatrième. Par exemple, juste en pensant à quelqu'un peut avoir souvent pour résultat la réception d'un email ou d'un appel téléphonique. La communication télépathique entre époux ou entre une mère et son enfant est devenue tout à fait banale.

Comme l'accélération purifie la brume astrale, de par la chute des Forces des Ténèbres, la capacité de transférer des informations plus complexes par télépathie augmentera. La technologie sans fil est un précurseur de ce que nous pourrons transmettre par télépathie. En même temps et avant tout, cette capacité comme la vision éthérique, améliore la perception de la vérité et ne fournit aucune cachette pour le mensonge.

Dans le volume 1, nous avons montré comment les Forces des Ténèbres utilisèrent les rayons clignotants émis par le poste de télévision pour engourdir l'intelligence des populations du monde. Ceux qui se sont consciemment libérés de cette stupeur catatonique, trouverons leurs cerveaux en mesure de réactiver la vision éthérique et la capacité de communiquer télépathiquement à condition que les dommages causés par des années d'exposition à la télévision n'aient altéré en permanence leurs capacités.

Comme ces deux aptitudes remonteront ensemble à la surface, les efforts de reconstruction des Régions Spirituelles en bénéficieront. Le criblage du bien et du mal sera examiné de très près avec même une minutie accrue, et cacher des mensonges et des contre-vérités dans la matière dense ne sera plus possible.

Détérioration structurelle et effondrement

Alors que ces aptitudes éthériques commencent à se manifester, non seulement les fondements mêmes de la physique des matériaux sont remis en question, mais l'humanité va commencer à défier les limites établies et à vouloir dominer l'univers de la matière, en d'autres termes, la compréhension de la perméabilité de la matière. Toutes les formes matérielles - voitures, maisons, routes, ponts, constructions, trains, avions - ont un terme d'amortissement calculé. Mais avec l'accélération croissante, l'amortissement rapide de ces formes matérielles surprendra beaucoup d'ingénieurs. Même les plus durables structures que le monde chérit, montreront des signes de détérioration plus rapides.

Nous sommes déjà témoins de la détérioration des routes et des ponts construits durant les cinquante dernières années; et l'écroulement prématuré et inattendu de ces structures deviendra plus fréquent. Nouveau, des matériaux plus légers sont déjà en usage et remplacent l'acier, les briques, le mortier et l'ère du béton.

Ainsi comme l'accélération continue de s'intensifier, les physiciens et scientifiques devront adopter un autre regard sur les lois de Newton. Désormais, les signes de perméabilité sont tenus pour acquis: des technologies sans fil comme les machines IRM peuvent voir au travers du corps physique. La compréhension de la perméabilité de la matière aura un effet profond sur notre société entière.

Dans le cadre de la guérison mentale, l'accélération mettra en question toutes les théories de physique régissant l'ingénierie, l'électricité, l'électronique et apportera la plus empirique preuve de la perméabilité de la matière. Les scientifiques de la physique et de la chimie rétabliront certains des principes de l'alchimie - un produit de l'enveloppe éthérique précédant de l'homme d'une époque révolue.

Les lois de physique actuelles connaîtront un défi majeur venant du monde occulte. La précipitation de formes ou apports dans les séances trans-physiques de l'ancien mouvement Spiritualiste a permis de jeter un regard à l'intérieur d'une nouvelle ère. Les scientifiques ont encore remis à plus tard l'explication de ces phénomènes en les rejetant comme étant des fraudes et l'œuvre d'escrocs. Pourtant, même les régions majeures du monde admettent que des adeptes spirituels aient pu produire des objets et de la nourriture, apparemment de nulle part. Le maître Jésus aussi démontra cette compétence voici 2000 ans en nourrissant les foules avec quelques poissons et miches de pain.

Quand cette capacité de précipiter deviendra de plus en plus démontrable et chose commune, elle ouvrira un nouveau monde de pensée qui entraîne la participation d'un autre monde, celui des Dévas ou le Royaume Élémentaire, dans notre existence. Inutile de dire, cette apparition progressive de formes constructrices qui n'exigent ni chaîne de production, ni champs agricole, ni clous ni marteau révolutionnera les hypothèses de la science et des lois de la physique. Ainsi, dans les cinquante prochaines années, cette méthode de construction des formes ne sera plus limitée aux séances spirites ou aux cavernes des yogis mais elle se manifestera à une telle fréquence partout dans le monde que la communauté scientifique devra la reconnaître comme donnée scientifique et ceci deviendra possible avec l'afflux de la Sixième Race Racine.

Au début, ce type de construction de forme exigera la coopération active des porteurs de lumière et du Royaume des Dévas. Il commencera davantage par souhaiter ou faire apparaître des formes-pensées claires qui aboutiront aux synchronismes ou aux évènements, et ressources venant tout ensemble produire la manifestation. Des pensées claires se réaliseront d'une manière plus «miraculeuse» comme « le vœu formulé à l'étoile » faisant que les évènements se déroulent.

Plus tard le pouvoir transformateur des formes-pensée dans des formes éthériques observables ou dans des formes physiques sera à la portée de chaque personne. Mais ce jour est tributaire du développement spirituel de l'individu, les premières manifestations de phénomènes de construction généralisées interviendront vraisemblablement dans les Régions Spirituelles.

Écroulement organisationnel

L'effondrement des banques d'investissement les plus grandes et les plus puissantes du monde, suivies par le système bancaire est encore un autre exemple du genre d'écroulement organisationnel que l'avenir continuera d'apporter. De nouveau, toutes les organisations qui ne servent pas l'humanité se détérioreront plus rapidement et crouleront. Et cela fait toujours partie de la transmutation en cours passant du béton à des formes plus légères.

Les religions organisées souffriront tout autant. L'accélération produira son effet à l'intérieur des églises pétrifiées et des structures religieuses, rendant trouble les concepts religieux, les dogmes et vidant leurs églises. Toutes les formes de pensée religieuse ont déjà été soumises à la détérioration pendant les 100 dernières années et leurs édifices vides sont un témoignage rendu à leur manque de pertinence. La désagrégation des organisations religieuses s'accélèrera encore davantage durant les prochaines cinquante années et une spiritualité plus légère et non-alignée prendra sa place.

Les médias vont se réformer

À mesure que les Forces des Ténèbres perdront le contrôle des médias, les forces de lumière prendront la direction et commenceront à témoigner du bon côté de l'humanité. Des histoires abonderont au sujet de la générosité d'individus et relateront de quelle manière ceux ayant des ressources partagent avec ceux qui n'en ont pas beaucoup. L'humanité avec l'aide des médias prendra conscience de sa bonté essentielle et cette réalité devenue réelle s'étendra autour du globe.

Systèmes médicaux réduits

De plus hautes vibrations vont aussi remettre en question le besoin de recourir à des mesures encore plus intrusives, denses, et addictives que notre système médical impose actuellement à l'humanité. C'est une flagrante forme d'esclavage. Les teintures d'homéopathie joueront un grand rôle pour reconstituer l'équilibre dans les organismes physiques allégés. Le public, en dehors des instances médicales, pour une série de maladies, inventera des solutions remèdes que chacun pourra appliquer. Les beaux jours de l'infrastructure médicale prépondérante, formation, médicaments et industries des drogues s'enrichissant essentiellement sur la peine et les maladies des gens simples, tirent progressivement à leur fin. Ceci débutera avec la simple proposition que la dépression va provoquer: les gens ne pourront plus payer pour les coûts de plus en plus scandaleux des soins médicaux et la structure médicale devra s'adapter ou disparaître. Tout cela fait partie du démantèlement d'un secteur significatif de l'hégémonie des Forces des Ténèbres sur l'humanité.

Expansion de toutes les disciplines

Les sciences tant physiques que biologiques subiront un bouleversement nécessaire, au moment même où le corps physique ainsi que le monde qui l'entoure, commencent à s'alléger. Les chercheurs scientifiques qui inconsciemment expérimentent la vision éthérique et les pouvoirs télépathiques investigueront à l'intérieur des aspects éthérés, immatériels de TOUTES disciplines à mesure que leur compréhension de la perméabilité de la matière s'approfondira.

Psychologie

Avec la plupart des personnes échappant à tout contrôle à cause de l'accélération, nous devrions appeler la psychologie « le contrôle des dégâts ». La psychologie pleine d'espoir va opérer un bond en avant dans les cinquante prochaines années, du moment que l'esprit réveillé s'ouvre lui-même à d'autres dimensions.

Les psychologues en viendront à comprendre que beaucoup de problèmes attribués au combat de chacun dans la vie matérielle peuvent être plus précisément compris comme conséquence de pérégrinations de son esprit conscient à l'intérieur et hors du plan astral. Ils réaliseront plus tard comment ces entités qui se lient aux êtres humains peuvent faire accomplir à une personne des actions insensées et capricieuses qu'ils ou elles ne feraient pas autrement. Nous citons certains cas de meurtriers en série qui restent « normaux » jusqu'à ce qu'ils soient « saisis par le diable ».

Beaucoup de comportements anormaux et insensés trouvent leur origine dans ces influences astrales plutôt que dans les causes psychologiques ou médicales traditionnelles. Nous voyons aussi une connexion entre les attachements astraux et des symptômes comme la dépression mentale, le comportement obsessionnel, les dépendances envers l'alcool, les drogues, et autres dépendances de ce genre. Quand ces attachements astraux sont enlevés, ce genre de comportement est rectifié. Jusqu'à ce que les effets d'attachements astraux ne soient enfin reconnus par la profession des psychologues, des problèmes psychologiques continueront d'être attribués à de mauvaises causes.

La meilleure des associations serait un psychologue formé ayant développé la vision éthérique ou qui est incarné dans un corps de sixième race-racine. La vision éthérique permettra aux professions de conseil d'établir une relation entre des attachements astraux et des symptômes comme la dépression mentale, le comportement obsédant, la dépendance envers l'alcool, les médicaments et d'autres dépendances de ce genre.

L'étude de la psychologie progressera tout au long avec le processus entier de transmutation de la matière et comme n'importe quelle autre discipline, elle sera abandonnée dans la poussière de l'évolution.

Sciences biologiques

Dans les sciences biologiques, les implications de la transmutation de la matière sont grandes car presque toutes nos pratiques médicales et traditionnelles, bonnes et mauvaises, à propos de régime, nutrition et santé viennent des suppositions scientifiques de départ de ces sciences. Beaucoup des efforts de l'humanité pour vivre chaque jour sont accaparés par ce que nous mangeons et par comment nous nous soucions de nos corps physiques. Dans un proche avenir, la vitesse des fonctions physiologiques augmentera en tandem avec la vitesse accrue des atomes de chaque cellule du corps véhicule.

La conversion d'énergie sera l'objet de beaucoup d'étude et de réévaluation. Avec l'accélération, nos instincts bestiaux pour chasser dans d'autres royaumes, pour nous assurer subsistance, tendront à disparaître. A leur place, nous entrerons dans une période où chaque royaume sera légitimement soutenu par la prise directe de prana plutôt que par la méthode de digestion ou conversion qui décompose les aliments afin d'obtenir de l'énergie. Quand nous atteindrons cette étape où l'ingestion d'énergie pranique suffit pour sustenter les habitants de tous les royaumes, nous aurons atteint un stade majeur de la transmutation. Au même moment, les gens apprendront à moins manger et à absorber plus de prana: et ce qu'ils mangeront sera plutôt des matières végétales plus légères que des régimes lourds de viande.

Notre régime diffère beaucoup de ce qui a été mangé il y a 100 ans. La tolérance de l'organisme à l'égard des toxines contenues dans nos produits alimentaires courants se manifeste par une obésité généralisée et d'autres maladies qui n'étaient pas connues ces dernières années, elle cèdera naturellement passage à l'intolérance. Des organismes vibrant à un plus haut niveau rejetteront naturellement les lourds produits alimentaires de la viande et mangeront des végétaux de plus haute vibration à l'heure où la terre se transforme. Nous observerons ces changements en premier dans les Régions Spirituelles.

L'agriculture

Des changements profonds en agriculture interviendront quand le matériel génétique des plantes qui subsistent sous l'actuelle calotte glacière arrivera dans les mains des agriculteurs. Cette matière végétale a été préservée pendant des siècles pour l'ère qui s'annonce. Ainsi, de cette flore nouvelle émergeront de nouvelles façons de nourrir un corps physique accéléré en se fondant sur des principes végétariens pionniers. Ce sera la dernière étape d'ingestion de matière et conduira finalement à l'ingestion de prana pour obtenir l'énergie nécessaire en lieu et place de nourritures préparées à base de substances végétales ou animales.

La révolution du système d'éducation

L'accélération affectera aussi grandement les systèmes éducatifs - les inadaptés seront de la Cinquième Race-Racine tandis que la Sixième Race Racine fleurira dans les vibrations intensifiées. Se maintenir à leur niveau sera un problème si on approche l'éducation d'un point de vue traditionnel. Les premières incarnations de la Sixième Race Racine ont déjà été implantées comme futurs éducateurs et sauront comment instruire les enfants de la Sixième Race Racine. (Voir Chapitre 2)

Résurgence de l'astrologie

À un certain point dans l'histoire, l'astrologie est devenue une menace pour les Forces des Ténèbres à cause de sa capacité à évaluer la personnalité et à révéler ainsi des motivations et des intentions. Qui plus est, elle pourrait prévoir des cycles de synchronisation conformes à la loi de la périodicité. Cependant, suite à une réaction d'hypocrisie, la science astrologique a été rangée hors de la ligne du courant principal de la connaissance scientifiquement établie et déclarée non-scientifique tandis que les Forces des Ténèbres continuèrent de fouiller profondément cette science pour détenir des informations concernant les cycles dans le but de contrôler la terre. En fait, la civilisation a échoué à considérer l'astrologie comme un super cadeau de la Hiérarchie Spirituelle qui était censée aider l'humanité à s'épanouir dans la matière dense.

Pendant les cinquante prochaines années, nous serons témoins d'un changement surprenant dans la manière dont les humains perçoivent notre planète et les étoiles, particulièrement en occident. Comme nous continuons d'exister dans des vibrations d'une hauteur jamais atteinte, nous devenons plus sensibles aux influences des étoiles et des planètes et ainsi l'astrologie, comme aujourd'hui nous la connaissons, devra être réécrite. Tout ne doit pas changer, mais les descriptions subtiles et détaillées des planètes (ces Grandes Âmes) et leur influence sur l'état des affaires mondaines deviendra plus évidente.

Un des avantages principaux de l'astrologie est de prévoir. L'humanité apprendra à subordonner le temps et gagnera ainsi la capacité de prévoir et surmonter les caprices du temps au fur et à mesure qu'une connaissance développée de l'astrologie s'enracinera dans le système d'éducation. L'astrologie retournera à sa place de prééminence, d'abord dans les Régions Hautes où les enfants dès le plus jeune âge apprendront à orienter leur vie conformément aux forces et aux tendances cosmiques.

En conséquence, l'individu désorienté dans la société, devrait être l'exception.

Ouverture de la conscience humaine

Comme les tendances ci-dessus s'établissent, la pensée humaine sera libérée enfin des chaines du régime des Forces des Ténèbres. L'humanité se rendra compte, combien enfermé et restreint avait été le régime des Forces des Ténèbres et on espère qu'une prise de conscience interviendra pour empêcher toute répétition d'un tel régime dans le futur.

Comme nous passons avec la transmutation de matière au stade ou nous dépensons beaucoup d'énergie pour expertiser, réévaluer le bien, le mal de notre ancienne civilisation, nous atteindrons bel et bien nos espérances en termes de créativité.

Le maître Saint Germain a dit: « Les avantages du redressement karmique connu comme l'Armageddon seront ressentis pour des siècles et des siècles à venir ». La chute de l'argent des Forces des Ténèbres et des machines de guerre ouvrira des opportunités non perçues par l'humanité durant des siècles et ces occasions seront définies par l'évolution constante de la nature de la matière telle qu'elle se développe sous de plus hautes vibrations.

Chaque aspect, chaque discipline, chaque domaine d'activité à une dimension supérieure. C'est la nouvelle frontière devant être explorée et elle est conduite par la recherche éternelle de la vérité. Même la menuiserie et la plomberie, ces deux piliers du secteur de la construction, ont une plus haute dimension. Donc les domaines de découvertes sont infinis.

Durant le vingt-et-unième siècle un large éventail de découvertes technologiques et scientifiques émergera en particulier dans les Régions Spirituelles. C'est la potentialité qui a toujours existé dans l'humanité, que la divinité qui se tint derrière toute entreprise humaine qui affluera à la surface, fait partie du programme de Saint Germain pour la libération de l'âme.

« Maintenant nous commençons la montée vers le haut », le projet d'ascension construit dans la structure de la roche solide de la pyramide, désignant le sommet. Garder un œil attentif sur les indicateurs supérieurs nous donnera une idée de comment nous sommes préparés pour effectuer nos premiers pas dans la Quatrième Dimension.

Chapitre 4
Premiers pas dans la Quatrième Dimension

...nous sommes bien dans la seconde moitié de la Quatrième Ronde, et la Cinquième Race à découvert un quatrième état de la matière et une quatrième dimension de l'espace. Master Kuthumi[12]

Plusieurs se demandent aujourd'hui où vont nous mener toute l'agitation et les changements terrestres. La réponse, c'est qu'avec la transmutation des formes concrètes en formes plus légères, nous effectuons les premiers pas dans la Quatrième Dimension dans le cadre du Plan Divin. Ces étapes initiales de transmutation impliquent la guérison du corps mental tant de la terre que de ses habitants avant qu'ils n'atteignent la prochaine dimension. Le but ultime c'est pour l'humanité de pouvoir fonctionner dans la Quatrième Dimension avant la fin de la Quatrième Ronde. L'effondrement actuel du système financier et économique marque la première étape dans un voyage millénaire vers la dimension prochaine et les implications sont là-dedans tout à fait profondes.

---

[12] Un commentaire écrit à la main sous E.O. éminent occultiste ou Maître Kuthumi au traducteur A.O.Hume dans sa version anglaise du français « *Les paradoxes de la Science Supérieure* » par le mystique français Eliphas Levi, 1883.

Dans la citation ci-dessus, le maître Kuthumi déclare que la Cinquième Race Racine a déjà découvert la 4e Dimension. Laissez-nous voir d'abord ce que la Cinquième Race Racine a bien pu découvrir à propos de la 4e Dimension.

Les premières notions de la Quatrième Dimension

Creuser dans la 4e Dimension, a été une notion assez moderne en occident, bien que les grands yogis de l'Inde et du Tibet l'aient connue et expérimentée mais sans jamais la définir comme telle. Durant les deux derniers siècles, les philosophes et scientifiques occidentaux ont intuitivement discerné qu'il devrait y avoir une autre dimension derrière nos cinq sens. Emmanuel Kant, philosophe allemand du 18e siècle, postulait que :

> Une science de ces sortes d'espace possible serait indubitablement la plus grande entreprise qu'une compréhension limitée pourrait entreprendre dans le domaine de la géométrie. S'il est possible qu'il puisse y avoir des régions avec une autre dimension, il est très probable que Dieu les a créées quelque part.[13]

Une expérience dans les sciences physiques transcendantales

À la fin de l'année 1870, le professeur Johan Gael Friederich Zollner de Leipzig en Allemagne, un éminent astronome physicien et philosophe, osa

---

[13] Noté dans l'ouvrage de Rucker, Rudy « La Quatrième Dimension, Un tour guidé des Univers Supérieurs » Hougton Mifflin; édition réimprimée (14 Août 1985).

Ch 4 Premiers pas dans la Quatrième Dimension

s'aventurer hors des sentiers battus de la pensée scientifique afin de prouver l'existence d'une Quatrième Dimension. Il était aussi un métaphysicien et avait longtemps conjecturé qu'en plus de la longueur, largeur et profondeur il pourrait y avoir une quatrième dimension de l'espace. Si cela s'avérait ainsi, il soupçonnait alors qu'il y aurait un autre mode d'existence distinct de notre propre monde en trois dimensions avec ses propres habitants adaptés aux lois et conditions de sa quatrième dimension comme nous le sommes aux nôtres dans la Troisième Dimension. Il n'était pas le créateur de cette théorie; Kant, et plus tard Gauss le géomètre métaphysicien avaient en premier parlé de cette possibilité.

Avec l'aide du Dr. Henry Slade, un médium religieux américain, le professeur Zollner créa une série d'expériences qui voulaient prouver son pressentiment aussi bien que convaincre ses collègues de l'existence de la Quatrième Dimension.

Le professeur Zollner partit premièrement de la proposition qu'il existe là un monde à quatre dimensions avec des habitants à quatre dimensions. Ces derniers devant pouvoir exécuter l'expérience simple de pratiquer des nœuds serrés sur une corde infinie, car la quatrième propriété de la matière - la Quatrième Dimension - doit être la perméabilité.

Lui-même et le Dr. Slade prirent une corde, attachèrent les deux bouts ensemble, les scellèrent avec de la cire et ensuite l'estampillèrent de leurs propres sceaux. Le professeur s'assit devant le Dr. Slade à une table au grand jour, leurs quatre mains posées sur la table, les pieds de Slade en vue, et la corde sans fin avec le bout scellé reposant sur la table sous les pouces du professeur. La boucle accrochée en bas est restée sur ses genoux. C'était la première fois que le Dr. Slade avait entendu parler d'une telle expérience et personne ne l'avait tenté avec un autre médium. En quelques secondes, le professeur a senti un léger mouvement de la corde - que personne ne touchait- et en regardant, trouva à sa grande joie et surprise que son souhait avait été exaucé: seulement au lieu d'un nœud, quatre avaient été noués sur cette corde![14]

Tout les deux, inventèrent d'autres expériences pour leurs spectateurs sceptiques. L'une démontra que le contenu d'un coffre pouvait être enlevé par ces entités de quatrième dimension sans briser le cachet sous scellé.

Pour un esprit scientifique comme le sien, ce résultat bien qu'infiniment moins sensationnel était une preuve aussi importante et concluante que pour Newton, la chute d'une simple pomme venant corroborer son immortelle théorie de la gravité. C'était là clairement un exemple de corridor, de passage de matière à travers la matière, en bref, la pierre angulaire d'un système de philosophie cosmique.

La publication de ces expériences a créé un intérêt intense aussi bien qu'un scandale et la

---

[14] *Physique Transcendantale.* Un compte-rendu des investigations expérimentales des traités scientifiques de Johan Carl Friederich Zollner, professeur d'astronomie physique à l'université de Leipzig; membre de la Royale Saxon société pour les sciences, etc. traduit de l'allemand avec une préface et des appendices de Charles Carleton Massey, de Lincoln's Inn, avocat à la cour, (vice-président de la société Théosophique) comme cela est rapporté dans *The Theosophist*, vol II. n°5, Février 1881, pages 95 à 97.

Ch 4 Premiers pas dans la Quatrième Dimension

dérision dans tout le mode scientifique. Le professeur Zöllner fut accusé d'avoir été « trompé » par le Dr. Slade qui en retour fut attaqué comme étant simplement un magicien et un escroc. Seulement les premiers théosophes, y compris H. P. Blavatsky, firent son éloge.

> La propriété que nous avons ici maladroitement désignée comme une quatrième dimension de l'espace est connue partout à l'est par des termes appropriés et spécifiques non pas parmi les érudits mais parmi les véritables « jongleurs » qui font disparaître les garçons en dessous des paniers. Si les scientifiques occidentaux se familiarisaient un peu plus avec les règles du Tetraktis pythagoricien, ou même avec l'inconnue algébrique de quantité dans sa signification de transcendance, toutes les difficultés sur la voie d'accepter l'hypothèse de Zollner disparaîtraient.[15]

Plus tard, au début de l'année 1900, C. Howard Hinton établit une recherche pour trouver et définir la réalité physique d'une quatrième dimension. Naturellement conscient d'un monde supérieur à notre monde tridimensionnel, il cherchait «...un monde spatialement plus élevé que le nôtre, un monde qui puisse seulement être approché à travers ses objets inanimés, un monde devant être appréhendé laborieusement, patiemment, à travers ses affaires matérielles, les formes, les mouvements, les chiffres de ceux-ci ».[16] Ses courageux efforts

---

[15] *Bannière de lumière,* Boston, vol XLII, 20 Avril 1878.
[16] Hinton C. Howard *La Quatrième Dimension*, New Hampshire Ayer Company, Publishers, Inc, 1988p.35 (réédition)

pour atteindre ce «monde spatialement supérieur» à l'aide de l'analogie et de dessins géométriques laissèrent entendre plus avant que la Cinquième Race Racine découvrirait l'existence d'une Quatrième Dimension comme Maître Kuthumi prophétisa.

Cependant, la plupart des esprits scientifiques irréductibles du début du 20e siècle trouvaient difficile de valider ce dont les spirites avaient été témoin quotidiennement dans les séances en chambre, c'est-à-dire parler aux morts. Rechignant à quitter leurs tours d'ivoire dans la Troisième Dimension, ils pouvaient seulement penser à la Quatrième Dimension en termes de mathématiques et de géométrie.

En 1909, les scientifiques américains offraient un prix de 500 $ pour le meilleur essai, « Qu'est-ce que la Quatrième Dimension? » en moins de 2500 mots. Le concours attira 254 œuvres présentées de partout dans le monde et le gagnant fut le lieutenant-colonel Graham Denby Fritch du corps des ingénieurs de l'armée américaine. Sa formation semblerait exclure à première vue toute concession faite aux spirites mais étonnamment, il n'a pas écarté les évènements de leurs séances et les a cités comme suit :

> L'hyperespace (édit. Quatrième Dimension) a été quelque peu amené au discrédit parce que les Spirites ont assumé son existence pour donner un lieu d'ancrage à leurs caprices. Néanmoins, la réalité de son existence ne s'est pas encore révélée incompatible avec n'importe quel fait scientifique, et la limitation de l'espace à trois dimensions bien que

probablement correcte, est par conséquent purement empirique.[17]

Cet intérêt intense parmi les intellectuels, médecins, mathématiciens et astronomes correspondait au zénith de l'intellectualité physique de la Cinquième Race Racine que le maître Kuthumi évoquait dans Les lettres des Mahatmas. La plupart des essayistes bien qu'imprégnés de géométrie et mathématiques non-euclidiennes étaient suffisamment généreux pour tenir la porte ouverte à ce qu'ils appelèrent le point de vue « spiritualiste ».

Le sixième sens ou la clairvoyance naturelle

Toutes ces tentatives pour percevoir et définir la Quatrième Dimension avec les cinq sens devaient nécessairement rencontrer un demi-succès. Comme les expériences de Zollner en firent la démonstration, une clé extra-sensorielle était nécessaire. H.P. Blavatsky déclara dans *La doctrine secrète:* que l'humanité devrait en venir à reconnaître la perméabilité de la matière. N'importe quel objet qui est perçu pour être solide est en réalité composé de millions d'atomes tous tournoyant indépendamment avec de l'espace entre eux. Les matières sont donc par nature perméables.

Blavatsky déclare que la seule voie pour prouver cette perméabilité c'est pour l'homme de développer un sixième sens ou ce qu'elle appelle « une clairvoyance normale ».

---

[17] Fitch, Graham Denby, « Une élucidation de la Quatrième Dimension » première partie de son essai primé au concours 1909 de l'*Essai scientifique Américain* « Qu'est-ce que la Quatrième Dimension.»

...il vaut la peine d'appeler l'attention sur la signification véritable de l'intuition véritable de l'intuition correcte mais incomplète qui a inspiré parmi les spiritualistes, Théosophes et quelques savants éminents - l'usage de l'expression moderne de « quatrième dimension de l'espace ». La phrase familière ne peut être qu'une abréviation de la forme la plus complète de la chose, - la « quatrième dimension de la Matière dans l'espace ». Mais même élargie de cette façon, c'est encore une phrase malheureuse, parce que, tandis qu'il est parfaitement possible que le progrès de l'évolution doive nous présenter de nouvelles caractéristiques de la matière, celles avec lesquelles nous sommes déjà familiers sont actuellement plus nombreuses que ne le sont les trois dimensions. Les qualités ou caractéristiques doivent toujours clairement être en relation avec les sens de l'homme. La matière est douée d'extension, de mouvement, (de mouvement moléculaire), de goût et d'odeur, facultés qui correspondent aux sens que possède l'homme et la caractéristique qu'elle développera ensuite - appelons-là pour le moment, la « Perméabilité » - correspondra au prochain sens que possédera l'homme et que nous pouvons appeler la «Clairvoyance Normale». Ainsi, lorsque de hardis penseurs ont avidement recherchéune quatrième dimension pour expliquer le passage de la matière à travers la matière et la production de nœuds sur une corde sans fin, ils ont senti le besoin d'une *sixième caractéristique* de la matière.[18]

---

[18] Blavatsky Helena P. *La Doctrine Secrète,* vol. 1p. 251-252

De la sorte, développer ce sixième sens au-delà de nos cinq sens pourvoir la matière dense aussi perméable par clairvoyance normale, est la clé pour percevoir la Quatrième Dimension.

À partir du point de vue avantageux des sens et d'une approche à trois dimensions, utilisant la géométrie, les tétra cubes, les modèles informatiques etc., la Quatrième Dimension restera élusive bien que ces efforts aident à la préparation de la conscience des masses pour quelque chose de nouveau.

> Les trois dimensions n'appartiennent en réalité qu'à un seul des attributs ou caractéristiques de la matière - l'extension; et le sens commun ordinaire se révolte avec raison contre l'idée que dans quelque état que ce soit, les choses puissent avoir plus que les trois dimensions de longueur, largeur et d'épaisseur. Ces termes et le mot «dimension» lui-même appartiennent tous à un seul et même plan de la pensée, à un seul et même stade de l'évolution, à une seule caractéristique de la matière... Mais ces considérations ne militent en aucune manière contre la certitude que, dans le cours du temps, les caractéristiques de la matière se multiplieront concurremment avec les facultés humaines.[19]

Les possibilités du sixième sens

Le sixième sens ou clairvoyance naturelle est la clé pour que l'actuelle et les futures races puisent connaître la Quatrième Dimension. Pour beaucoup

---

[19] Ibid., p.252

de Porteurs de Lumière et d'occultistes sur la Voie, ces facultés sont déjà opérantes, mais pour nos buts, laissez-nous nous concentrer sur la vision éthérique parce que c'est probablement la première faculté qui sera évidente à la plupart des gens dans les décennies suivantes.

Vision éthérique : la perception initiale de la Quatrième Dimension

De nouveau, la vision éthérique est la capacité pour l'œil physiologique de percevoir les auras et les formes. Ce sixième sens marque le début pour l'humanité, de la perception de la perméabilité de la matière.

L'œil humain apparemment voit déjà bien plus que ce dont le cerveau peut être conscient. La compréhension exacte et la connaissance de cette image prend place dans le cerveau après que l'image aie été transmise au départ de la rétine via le nerf optique jusqu'au cerveau et que la capacité extra visuelle que la vision éthérique permet prenne effectivement place dans le cerveau et non dans l'œil.

Le changement qui permet au cerveau d'être conscient de l'éthérique vient à la suite de: 1) l'accroissement continu de l'activité moléculaire dans le corps et le cerveau, créant un œil, un nerf optique et un cerveau tous rendus plus sensibles; 2) le nettoyage du brouillard astral qui accompagne l'expulsion des Forces des Ténèbres durant ces temps de désarroi; 3) la culture de plus hautes vibrations qui passe à travers l'Ancienne Sagesse et 4) la méditation profonde de routine qui augmente la connexion avec l'âme.

Le Sixième Sens ou la Vision éthérique dans la Cinquième et la Sixième Race Racine

Dans les Lettres des Mahatmas, le maître Kuthumi révéla que l'actuelle Cinquième Race Racine avait commencé un million d'années plus tôt. Comme les précédentes Races-Racines, la Cinquième Race Racine comprend sept sous-races et l'humanité est destinée à expérimenter chaque cycle de ces sous-races. Durant l'année 1880, Kuthumi révéla que les populations coloniales britanniques et celles d'Amérique du Nord représentaient la septième sous-race de la Cinquième Race Racine ou le point le plus haut d'intellectualité physique de la Cinquième Race Racine.

Le maître révéla aussi que lorsqu'une race-racine - dans ce cas précis, notre Cinquième Race Racine - atteindra son zénith d'intellectualité physique et sera incapable d'aller plus haut dans son propre cycle, son évolution vers le mal absolu sera arrêtée... par l'un de ces changements cataclysmiques, sa grande civilisation détruite, et toutes les sous-races de cette race se trouveront en train de décliner dans leurs cycles respectifs, après une courte période de gloire et d'apprentissage.... Ni la Race mère désormais, pas plus que ses sous-races et ramifications ne sont autorisées à abuser des prérogatives de la race et des sous-races qui vont leur succéder; surtout pas pour empiéter sur la connaissance et les pouvoirs tenus en réserve pour son successeur. « Tu ne mangeras pas du fruit de l'arbre de la connaissance du bien et du mal qui pousse pour tes héritiers. »[20]

---

[20] Lettres des Mahatmas 93 B, paragraphe 5

Cette déclaration, nous l'interprétons comme devant entraîner la suivante: La Cinquième Race Racine a été progressivement déclinante et sortante et elle atteignit son apogée au début du Vingtième siècle. Chevauchant la présence de la Cinquième Race Racine, les quelques âmes de première génération de la Sixième Race Racine commencèrent à s'incarner sur terre dès la deuxième moitié du 19e siècle, peut-être au début de 1861 jusqu'en 1875.

Durant les cinquante dernières années, beaucoup de ces précurseurs de la Sixième Race Racine se sont incarnés et furent dotés d'un sixième sens nécessaire pour percevoir la Quatrième Dimension. Mais parce que l'éducation dans le monde d'aujourd'hui est encore nettement un produit de la Cinquième Race Racine, ce potentiel s'est vu supprimer, mais il renaîtra de nouveau dans les années à venir.

Nous savons aussi qu'en raison de l'accélération, le sixième sens est aussi activé dans la septième sous-race de la Cinquième Race Racine. Cette activation peut aussi être augmentée par la méditation et l'étude de l'Ancienne Sagesse.

Ainsi le potentiel des facultés du sixième sens prêt à émerger et qui permettra aux êtres humains de commencer à percevoir la Quatrième Dimension, existe assez fortement sur terre aujourd'hui, à l'insu de la plupart des gens. Dans leur forme la plus visible, ce sont beaucoup d'individus psychiques qui servent comme médiums et voyants mais il y en a beaucoup d'autres qui n'ont pas encore reconnu cette capacité.

Ch 4 Premiers pas dans la Quatrième Dimension

Emplacement de la Quatrième Dimension

L'illustration ci-dessous, montre schématiquement le plan éthérique dans son ensemble comme étant divisé en sept sous-plans éthériques. Les sous-plans les plus bas et les plus denses, les 7e, 6e, 5e représentent notre monde matériel de Troisième Dimension et correspondent respectivement aux royaumes minéral, végétal et animal. Le niveau suivant supérieur est le 4e sous-plan éthérique où commence la Quatrième Dimension et est invisible à l'œil physiologique commun. Ce 4e sous-plan éthérique est l'entrée dans la Quatrième Dimension. Tous les sous-plans au-dessus, le 3e, le 2e et le 1er, comprennent les meilleurs états de la Quatrième Dimension.

Le fond ou le niveau le plus dense du monde éthérique *invisible* en quatre dimensions est le 4e sous-plan éthérique et peut-être progressivement connu par la vision éthérique. La vision éthérique ne peut pas voir au-delà de ce niveau.

Alors que nous poursuivons vers le haut, les troisième, second et premier sous-plans éthériques, nous avançons progressivement dans une matière éthérique vibrante plus subtile et plus rapide, mais le troisième œil spirituel dans le centre de la tête s'il est développé peut appréhender la vie sur ces sous-plans éthériques supérieurs.

Sous-plans	Le Plan Ethérique
1	Sous-plan supérieur de la Quatrième Dimension
2	Sous-plan moyen de la Quatrième Dimension
3	Sous-plan moyen de la Quatrième Dimension
4	Sous-plan inferieur de la Quatrième Dimension
5	Troisième dimension Règne Animal
6	Troisième dimension Règne Végétal
7	Troisième dimension Règne Minéral

Par conséquent, le 4e sous-plan éthérique est la première marche à l'intérieur de la moitié invisible de notre monde éthérique. C'est ce niveau qui représenta à un moment l'existence physique la plus dense de l'humanité jusqu'à ce que la prétendue « chute d'Adam » ait produit le royaume physique dense. Après que nous ayons passé par le processus nettoyant de cette transition sur terre, la porte s'ouvrira à nouveau pour permettre à l'humanité de rentrer dans ou reconquérir ce premier niveau de la Quatrième Dimension.

Après l'entrée dans la Quatrième Dimension, la montée vers le haut ou l'ascension est par essence notre voyage spirituel à partir du 4e sous-plan éthérique jusqu'aux premiers sous-plans éthériques. Après que nous aurons atteint le 1er sous-plan éthérique, nous aurons accompli le voyage évolutif de la Quatrième Ronde sur terre. La terre alors s'autodétruira et nous entrerons dans un pralaya majeur ou période de repos après laquelle nos monades mêmes se regrouperont sur une autre planète, probablement dans des corps mentaux affinés dans ce qui sera la Cinquième Ronde. C'est l'orientation à long terme de notre plan d'évolution. Cependant notre centre d'attention dans ce livre reste la période des cinquante années chétives qui nous embarquera sur cette voie.

Les indices de la Quatrième Dimension

Dans les expériences précédentes, il y avait déjà des êtres vivants existant dans la Quatrième Dimension. Une fois que nous serons capables d'appréhender cette dimension, nous la partageront avec d'autres habitants jusque là invisibles : les élémentaux ou dévas et les êtres du royaume angélique.

Dans notre Troisième Dimension, les clairvoyants peuvent déjà observer les rouages de ce royaume des dévas. Pour que les gens redécouvrent la nature et sa bonté sans le voile que les Forces des Ténèbres ont jeté sur elle, ils rencontreront aussi cet autre royaume et peu à peu apprendront à s'intégrer eux-mêmes dans les courants de vie de ces êtres, pour une grande part de la même manière que nous avons appris à vivre avec nos animaux favoris.

Avec le développement de la vision éthérique, l'observation physique de nos amis les dévas deviendra de plus en plus fréquente. Cela devrait commencer en saisissant un mouvement du coin de l'œil. Des rêves de cette dimension peuvent devenir de plus en plus réels. Des choses peuvent disparaître seulement pour réapparaître où elles ont été mises en premier lieu. Il y a un mouvement dans la chambre à coucher ou le chat de la maison poursuit quelque chose d'invisible. De tels évènements étranges se multiplieront jusqu'à ce que le royaume des dévas devienne plus résolument visible. La 6e Race Racine focalisera son attention sur ce royaume et les sous-races les plus avancées de la 5e Race Racine apprendront à interagir également avec ce royaume des dévas.

Cette intégration douce dans la Quatrième Dimension s'accompagnera essentiellement d'une intégration plus harmonieuse à la nature. Des innovations technologiques incroyables se dégageront du respect pour la nature et commenceront à toucher l'ourlet de la Quatrième Dimension de la plupart des choses. Par exemple, l'énergie (huile, pétrole) a un aspect de Quatrième Dimension, et cela c'est de l'énergie gratuite. Ce concept a fait ses débuts dans les expériences de Tesla au tournant du siècle uniquement, pour être brutalement étouffé. L'énergie gratuite dominera finalement le domaine de l'énergie car comme on peut le constater--le charbon, le pétrole, le bois--sont les geôliers, les capteurs obtus de cette même énergie. L'affranchissement de cette énergie des capteurs verra l'énergie en ses termes de Quatrième Dimension.

Les forces de production et la construction des formes redéfinies

Nous commencerons aussi à voir et à comprendre le processus en cours de création comme nous apprenons à observer les dévas constructeurs et l'élaboration de forme des élémentaux. Nous serons capables de voir le contraste avec la manière dont les gens se sont rendus esclaves dans les usines de production d'un régime matériel. Le régime entier de production industrielle en usine cèdera finalement devant les « vrais » constructeurs.

Le processus créatif de visualisation dont nous avons besoin pour continuer le Plan Divin active une réaction en chaîne dans l'activité des dévas. L'humanité va apprendre comment collaborer avec cette activité créative pour manifester tout ce qui peut servir le bien. La ré-démonstration de certains des « miracles » que le Maître Jésus accomplit, comme la multiplication de pains et de poissons pour nourrir la multitude ne saisira plus de crainte les gens, mais sera chose commune dans l'existence sur la Quatrième Dimension.

La voie dans la Quatrième Dimension

C'est soit par l'effort individuel sur la voie de l'initiation ou à travers les générations successives de véhicules de Sixième Race Racine que l'esprit humain évoluera jusqu'au point où il s'élèvera de lui-même dans la Quatrième Dimension. Nous savons que de grands yogis et occultistes se sont avancés par la Voie de l'Initiation. Cette voie est toujours valable pour ceux qui choisissent de progresser spirituellement.

Pour la grande majorité de la population, les cycles de naissance et de mort les transporteront aussi finalement dans la Quatrième Dimension mais à une allure plus lente. Des nouvelles incarnations entreront dans des véhicules de Sixième Race Racine qui seront de plus en plus capables de voir et de vivre dans la Quatrième

Dimension.

L'évolution humaine exige la libération constante de l'âme et dans les années à venir l'âme s'exprimera elle-même à travers le stock racial éthérique qui emporte l'humanité vers la Quatrième Dimension. Aujourd'hui, l'âme combat pour s'exprimer elle-même du mieux qu'elle peut au travers de nos corps physiques denses. Dès que nos corps physiques feront place à nos corps éthériques, nous serons capables de fonctionner sur le 4e sous-plan éthérique. Ce corps éthérique, c'est ce que les experts du Nouvel Âge appellent le corps de lumière.

À travers le corps physique dense, l'âme trouve simplement un point d'ouverture pour briller, mais à travers le corps éthérique elle brillera à un degré plus important, créant ainsi un univers complet et nouvel en formation. La matière éthérique plus légère offre à l'âme une plus grande fenêtre d'expression. C'est comme le verre clair contre le verre translucide.

Il y a de vastes leçons à apprendre de la vie à expérimenter sur le plan éthérique. Nous pouvons nous réjouir de cette perspective sans crainte. Par essence, nous revisitons nos vies sur ce plan car auparavant nous appartenions à la matière physique dense, nous vivions sur ce plan. Depuis lors, nos âmes ont éprouvé des millions d'années d'involution et ont voyagé à travers de quelques unes des plus denses matières de l'univers tentant d'exprimer l'intelligence en passant au travers de la matière dense. Nous sommes maintenant de retour sur le plan éthérique, heureusement tous plus sages et avec un plus grand souci de maîtrise. Les leçons apprises précédemment à travers et par la matière dense seront reportées sur le plan éthérique. Nous serons comme la personne aveugle qui a appris dans la vie à chercher à tâtons en utilisant d'autres sens et qui progressivement s'ouvre à conquérir la vision normale.

Quand la terre aura rencontré les conditions fondamentales de rééquilibrage, nous nous tiendrons sur le seuil de cette nouvelle dimension. Le long périple au travers de la matière dense, nous aura démontré que peu importe tout cela, l'âme trouvera une façon de briller dans n'importe quel véhicule d'expression.

Conseils de la Fraternité de Lumière

De nouveaux enseignements en provenance de la Fraternité de Lumière commenceront à apparaître au cours des prochaines décennies. Ces enseignements marqueront la voie pour que l'humanité puisse entreprendre son voyage dans la Quatrième Dimension et ajouter à la Sagesse Antique ce que nous avons appris jusqu'ici. Un avatar, l'Instructeur Mondial, peu importe la forme que la Hiérarchie Spirituelle juge appropriée de lui donner, exposera de nouveaux enseignements qui aideront l'humanité à trouver son chemin dans cette nouvelle dimension, de même Bouddha et Jésus fixèrent en leur temps les normes spirituelles pour l'ère des Poissons.

Comme d'habitude, l'humanité n'est pas envoyée les yeux bandés dans une nouvelle dimension, et les chercheurs de vérité recevront la main secourable des conseils de leurs amis d'âge avancé de la Fraternité.

Chapitre 5
Ensemencer la conscience de masse

Quelques mois après l'attaque des tours jumelles à New York, le 11 septembre 2001, le site Sanctus Germanus publiait un avis appelant l'incident « le plus grand acte de trahison » commis aux États-Unis. L'implication de cette déclaration révélait que les auteurs de ce désastre provenaient de l'intérieur des États-Unis et non pas d'une grotte au loin en Afghanistan. Aujourd'hui, une décennie après cet évènement, il est largement admis par des millions de gens dans le monde entier que le 9/11 est venu de l'intérieur et pas du tout comme ce qui a été dit dans la presse internationale.

Des experts de structures et des ingénieurs de démolition de constructions de partout dans le monde ont conclu que l'effondrement des Tours Jumelles résultait d'une démolition soignée et volontairement intentionnelle et non pas de l'attaque des avions de ligne si dramatiquement dépeinte sur les écrans de télévision du monde entier. Une simple relecture logique des évènements qui ont conduit à cette attaque démontre nettement combien l'incident a été planifié de l'intérieur des plus hautes instances des États-Unis et d'autres gouvernements étrangers et non par un croquemitaine bidon d'une grotte afghane en utilisant des téléphones cellulaires et des walkies-talkie pour coordonner un tel évènement.

Ceci est l'exemple du pouvoir d'une pensée lancée dans la conscience populaire. Quand une telle pensée apporte la vérité et est suffisamment bien formulée avec assez de détails corrects, elle attire à elle la matière mentale nécessaire pour la faire grandir. L'analyse effectuée par les ingénieurs et les architectes est un exemple de comment les formes-pensées réunies encouragent la question mentale à s'accomplir, et à se compléter d'elle-même. Une interprétation de plus en plus complète des évènements du 11 septembre a été maintenant formulée à partir des graines plantées voici une décennie et est en train d'être diffusée partout dans le monde aux esprits réceptifs via la conscience populaire.

Le pouvoir de la pensée pour établir le changement

À ce stade de notre voyage vers le Nouvel Âge, beaucoup d'entre nous se sentent sans pouvoir contre la structure écrasante de contrôle physique et mental dont disposent les Forces des Ténèbres. Mais s'il y a dans le monde quelque chose de plus puissant que l'arsenal complet des Forces des Ténèbres, c'est bien le pouvoir de la pensée. C'est une arme dont chacun est équipé pour être utilisée durant la bataille en cours avec les Forces des Ténèbres. Elle est même beaucoup plus forte que les émeutes de rues et les manifestations contre les injustices humaines, bien que de telles injustices servent de points de repères pour mesurer l'état de changement dans la transmutation continue de la

Ch 5 Ensemencer la conscience de masse

matière. La pensée est l'outil créatif qui peut être employée pour manifester ce dont tout un chacun a besoin.

Les clés de fonctionnement de la forme-pensée sont la clarté et le sens du détail. Le Maître qui autrefois enseigna à Londres et Boston, tel que décrit dans la série de livres *L'initié* de Cyril Scott et connu de nous sous son pseudonyme terrestre en tant que Justin Moreward Haig, donna à l'auteur cette formule simple pour utiliser les formes-pensées.

...(N)ous, qui nous prosternons aux pieds des grands Bouddhas, nous les trouvons en train de contempler cette simple vérité. Vous voyez, il y a comme un mystère ici. Ce qui passe pour être le plus simple est souvent le plus profond. Quand je dis ensuite que toutes choses commencent avec la pensée, je parle de création partant du début à la fin. Les vêtements que vous êtes en train de porter ont été autrefois une pensée dans l'esprit du créateur. Maintenant ils épousent votre forme.

....Il y a davantage que je voudrais vous dire à propos de la pensée mais cela se trouve ici. Et quoi que vous voulez accomplir, pensez à elle premièrement spécifiquement comme à seulement une pensée. Vous verrez, il y a en cela confusion. D'abord, cela doit être vu comme la forme-pensée que c'est et seulement alors, une fois que la pensée est claire, les atomes peuvent savoir comment procéder pour construire les molécules de matière autour de la forme-pensée. Ainsi vous voyez que la pensée en elle-même doit être intacte, claire, et assez précise pour qu'un homme arrive à la réaliser.[22]

Le pouvoir de la pensée est vraiment très sous-estimé et la tendance parmi les porteurs de lumière c'est de penser qu'individuellement, nous sommes trop insignifiants pour faire la différence. Mais avec la compréhension des cycles et des tendances cosmiques nous étant livrées dans l'Antique Sagesse, notre réflexion peut-être mise en harmonie avec ce que nous savons du Plan Divin, et à l'intérieur de ce plan, nous pouvons générer des formes-pensées de qualité détaillées qui peuvent faire pencher la bataille avec les Forces des Ténèbres en faveur des forces de lumière.

La création de formes-pensées pour manifester ses besoins est aussi un droit acquis mais ce processus créatif a encore été déformé dans une autre branche de l'industrie Nouvel Âge qui commercialise les enseignements spirituels. Au travers de séminaires coûteux et très puissants, les experts en marketing prennent pour cible les porteurs de lumière bien-intentionnés afin d'utiliser «le secret» de la Loi de l'Attraction pour satisfaire les désirs égoïstes de tout un chacun, à vouloir faire partie des super-riches. La création de formes-pensées pour manifester un manoir clôturé avec piscine et deux voitures de sport rangées dans l'allée est assez distinct du fait de créer des formes-pensées qui feront la lumière sur les mensonges et les projets que les Forces des Ténèbres perpètrent contre nos frères humains.

---

[22] Un entretien privé avec l'auteur.

Ensemencer la conscience de masse

La conscience de masse existe sur le plan mental inférieur et travaille souvent en tandem avec le plan astral. La conscience de masse reflète donc le fait que la grande majorité des populations de la terre vit d'après des pulsions émotionnelles et des fonctions mentales élémentaires seulement nécessaires pour survivre, ce qui fournit de la nourriture toute fraîche aux Forces des Ténèbres.

Invocation de lumière à l'intérieur de la conscience de masse

Alors que le karma mondial se déroule, nous, les habitants de la terre, avons le droit d'invoquer la lumière et l'aide de la Hiérarchie Spirituelle. Nous avons le droit de penser à la vérité à propos de ce qui est en train de se passer, peu importe ce que les médias nous racontent. Finalement, nous avons le droit et le pouvoir d'envoyer nos pensées éclairées à l'intérieur de la conscience de masse, sans haine ni émotion comme s'agissant d'une question de devoir, étant des porteurs de lumière en incarnation sur terre. Ce processus de réflexion dans son entier est réalisé intérieurement loin des yeux des Forces des Ténèbres et à la force incalculable du cosmos derrière lui.

Une fois que nous libérons ces pensées porteuses de lumière à l'intérieur de la conscience de masse, elles trouvent leur chemin dans les esprits ouverts de vibrations similaires. C'est le vrai travail de la Loi de l'Attraction. À travers ces merveilleuses lois cosmiques, les formes-pensées porteuses de lumière font leur chemin jusqu'aux replis souvent sombres de la conscience de masse et commencent à atteindre de plus en plus de porteurs de lumière et d'esprits ouverts de par le monde. L'élan est atteint et un effet boule-de-neige s'ensuit.

Chaque forme-pensée éclairée travaille à contrer le mensonge et la tromperie qui sont permanentes dans la conscience de masse, ET C'EST DANS LA CONSCIENCE DE MASSE QUE LA PREMIÈRE GUERISON DU CORPS MENTAL DE LA TERRE PREND PLACE.

La conscience de masse peut atteindre plus les individus que les médias de masse et peut gagner un élan considérable en déplaçant l'équilibre de la lumière et des ténèbres sur terre. Cela touchera les esprits des gens dans leur sommeil, durant des moments intimes de contemplation pendant la journée, durant la prière et même dans les moments les plus inattendus de la vie quotidienne. Et ainsi que les esprits changent, le rééquilibrage commencera à se manifester sur le plan terrestre.

Les Forces des Ténèbres ont des connaissances sur ce pouvoir et combattent le processus en créant toutes de formes concevables de bruit et de distractions réelles ou virtuelles pour entretenir la confusion. Elles dirigent même leurs agents sur le plan astral pour nous souffler à l'oreille des contre-pensées qui ressemblent à nos propres pensées. Donc, elles aussi nourrissent la conscience de masse avec des mensonges, des demi-vérités, et des sophismes. Pour planter, ériger ces distractions, elles projettent tout ce qui peut titiller les chakras inférieurs et ainsi cette réflexion est entravée dans des chaînes sensuelles.

Mais ceux qui voient clair derrière ces contre-affirmations peuvent façonner la première boule de neige dont l'élan, la taille écrasera à la fin les efforts des Forces des Ténèbres. La conscience de masse se réformera et représentera les véritables pensées des habitants de la terre.

Ce que vous pouvez faire...

Ci-dessous, vous trouverez l'Invocation contre les Forces des Ténèbres, un cadeau de la Hiérarchie Spirituelle. Cette invocation attaque chaque activité dans laquelle les Forces des Ténèbres sont engagées et fournit des solutions divines pour y remédier. Vous pouvez utiliser chaque stance ou groupes de stances pour construire de plus substantielles formes-pensées basées sur votre propre expérience et compréhension.

Voici ce que vous pouvez faire :

1. Étudiez l'invocation stance par stance

2. Concentrez-vous sur une ou deux stances par jour et méditez à leur sujet. Complétez-là avec votre observation de l'actualité et avec votre expérience.

3. Une fois que vous avez compris suffisamment la stance dans le détail, lancez votre forme-pensée à travers la conscience de masse.

4. En lançant la forme-pensée: Imaginez la forme-pensée comme un ballon qui est en mesure de soulever, d'élever la conscience de masse. Une fois arrivé là, il explose et envoie ses formes-pensées ondoyé à travers la

conscience de masse.

Il y a suffisamment de stances pour vous tenir occupé un bon mois. Une fois que vous aurez terminé l'invocation dans son entier, retournez au début et faites plusieurs mois d'invocations autant que vous estimerez nécessaire comme une part de votre effort pour ensemencer la conscience de masse.

Les formes-pensées que chacun d'entre nous envoie vers la conscience de masse trouveront à travers la Loi d'Attraction ceux qui voudront les recevoir, les adopter et agir. Cela atteindra les porteurs de lumière qui ont été placés sur la ligne de front des activités financières et promues par les Forces des Ténèbres.

Alors que ces formes-pensées remplies de la compréhension et de la force que vous leur donnez s'étendent; la conscience de masse dans tout ce qu'elle a de meilleur et de pire se transforme, devient différente mais même avant cette métamorphose, elle a fait le travail de diriger les formes-pensées à l'attention de ceux ayant les mêmes vibrations.

Invocation contre les Forces des Ténèbres

Oh, lumière vivante d'amour,
Oh, grande et Sainte Mère Divine,
Viens, viens, viens
Sur la planète Terre.

Viens, oh chère Mère Cosmique,
Enveloppe-nous tous.
Prends nous dans tes bras.

Conforte-nous et donne-nous la force
Et le courage d'être notre Être véritable
Un Être d'Amour, de Pardon, de Joie et de Rires.

Oh Mère divine,
De ton balai débarrasse la terre
De tous ceux qui ne te respectent pas
De tous les enfants malavisés,
Car ils sont aussi tes enfants,
Qui ont malheureusement suivit le chemin ténébreux
De la domination, de l'oppression ainsi que
Des manifestations déséquilibrées de l'énergie masculine.
Que le rayon féminin se lève!
Que le rayon féminin soit glorifié!
Que le rayon féminin trouve sa puissance ultime
Et qu'il se produise, maintenant, sur cette planète,
Un réajustement karmique très puissant
Sur terre comme au ciel.

Que tous ceux qui cherchent à dominer autrui,
Qui désirent opprimer autrui
Qui désirent punir autrui
Qui font preuve de cruauté, de malveillance, de torture
Et de toute autre forme de mal,
Qu'ils connaissent le jugement juste
De Dieu et de ses agents de lumière.

Que le Grand Archange Michael,
Descende sur terre,
Assisté de ses innombrables légions d'anges,
Et nettoie la terre
De ceux qui refusent de cesser toute agression,
Tout terrorisme
Et tout mensonge à l'égard de leurs frères.

Que tous les niveaux des Ténèbres soient exposés
A la pleine lumière de vérité.
Qu'on donne le choix à tous
Les leaders mondiaux, portés à faire la guerre,
Portés à collaborer avec les Forces des Ténèbres,
Qui ont jusqu'ici contrôlé
Argent et pouvoir.

À chacun, envoie un ange pendant son sommeil;
Un messager lumineux pour l'éveiller
Et lui dire « Toi qui mène le pays,
Prend conscience.
Tu dois choisir maintenant!
Choisiras-tu le camp de ces êtres Ténébreux
Qui veulent faire la guerre, piller, mentir et tuer?
Si oui, tu tomberas avec eux,
Et rapidement!

Si tu as le cœur,
Si tu as la tête,
À voir que ce n'est pas
Le chemin de lumière, de l'Amour et de la Joie
Et si tu as le courage de changer ta position
Fais quelque chose de véritablement valable pour ton pays
Et tu deviendras un vrai leader par tes actions.

Sinon, prépares toi à tout perdre
Y compris, très probablement
Ta vie aussi.
On ne tolèrera plus
Ce mal qui prend plaisir à nuire.

Que l'avalanche de Karma
S'abatte sur tous ceux
Qui, en ce moment, ne montrent pas le moindre désir de changer leur cœur endurci et impitoyable.

Ch 5 Ensemencer la conscience de masse

Qu'ils retournent au royaume des esprits
Pour refaire leur éducation et leur programmation.
Car ces choses ne sont pas permises
Ne l'ont jamais été,
Ne le seront jamais.

Oh divine Mère, viens en personne
Toucher nos cœurs.
Illumine-nous afin que nous puissions voir
La beauté de la Tolérance.
Tolérance inutile envers ceux
Qui n'en montrent aucune à quiconque
Sauf à eux-mêmes.

Que les Seigneurs du Karma
Agissent avec force promptement
Pour arrêter ceux
Qui cherchent seulement à perpétuer la guerre
Et à manipuler les peuples.

Nous invoquons l'œil Tout Puissant de Dieu
Pour qu'ils soient dénoncés dans les médias,
Aux yeux de tous.
Nous invoquons l'œil Tout Puissant de Dieu
Pour dévoiler toutes leurs manigances.

L'apparence extérieure qu'ils se sont donnée
Et les évènements
Du 11septembre
De l'an 2001,
Tout cela n'était pas tel qu'ils l'ont présenté.

Qu'on les expose tous maintenant
De la façon la plus totale.
Qu'on les dénonce TOUS
En montrant leur vrai visage,
Auteurs des pires mensonges.

Que tous les fils réincarnés
De Bélial de l'Atlantide,
Ainsi que ceux provenant d'autres planètes,
À qui ont été remis les rênes du pouvoir
Par les soi-disant leaders des pays de la terre.
Que le tri et la sélection se fassent,
Guidés et dirigés par
Le Grand et Saint Maître Jésus lui-même

Que par la puissance de son glaive les liens soient coupés,
S'il le faut, jusqu'aux liens familiaux,
Des liens qui soumettent les doux, les indulgents et les innocents
À ceux qui ont tendance et sont enclins
À dominer, nuire, mentir, tricher, voler, opprimer, soit
Tout ce qui est à l'opposé du Christ.

Que le Grand Bouddha,
Maître du monde, paraisse dans toute sa gloire,
Irradiant la Lumière Dorée de la Sagesse
Afin que chacun se lève pour voir
À quel point on leur a menti.

Quelle folie de mettre sa confiance
Dans de telles personnes!
Comme elles auraient dû mettre en question
Toute autorité partout où elle se présentait!
Ce seulement lorsqu'ils pouvaient sentir
Vibrer la vérité dans leurs propres cœurs
Qu'ils auraient été justifiés
De leur avoir fait confiance.
Que la volonté de Dieu soit faite à tous égards,
Que le jugement soit rapide
Particulièrement concernant ceux qui s'alignent
Sur ces institutions

Ch 5 Ensemencer la conscience de masse

Qui injustement soutirent des fonds
De ceux qui en ont le plus besoin.

Ainsi nous les accusons :
Nous, peuples de la Terre,
Accusons MAINTENANT ces institutions (comme les administrations chargées des impôts)
D'ôter de la nourriture de la bouche d'enfants qui en ont besoin,
De voler de la nourriture aux personnes âgées,
Et à ceux qui ne peuvent pas travailler
Tout ceci pour faire tourner la machine de guerre.

Nous EXIGEONS qu'ils
Rendent compte immédiatement,
Qu'ils soient tenus responsables
De chaque goutte de sang versé
Et pour chaque guerre instiguée
Uniquement pour faire de l'argent.

Que le Dieu Vivant et Tout Puissant
En chacun de nous SE LÈVE, comme jamais
Et en S'UNISSANT crée un mur de feu,
Qui brûle, brûle, brûle,
Leurs façades,
Leurs installations,
Faisant fondre leurs ordinateurs,
Provoquant chez eux une frayeur telle, qu'ils prennent la fuite.

Car Enfin,
Le Seigneur de Rectitude, de Pureté de Vie
Est sur le seuil de la porte
Exigeant une explication
Pour leurs actes et leurs combats maléfiques.

Nous ne le permettrons plus une seule seconde.

Nous exigeons que justice soit rendue maintenant.
Que ce ne soit plus nous, mais eux qui s'enfuient.
Que ce soit eux qui se dispersent à présent,
Fuyant vers les nombreux sommets,
Et se cachant de ceux qui les poursuivraient en justice.

Laissons ces choses advenir, ainsi soit-il
Maintenant et à tout jamais!
Jusqu'à ce que la planète redevienne ce à quoi elle avait toujours été destinée:
Un jardin de Beauté, un endroit d'Amour et de Joie.
Cette Terra rejoint ses frères et sœurs
Dans la parade cosmique des planètes libérées.

Et puisse le Grand et Saint Maître St Germain,
Le Seigneur de Liberté pour la Terre,
Se tournant vers les gouvernements
De chacun des pays qui existent à présent,
Et consumer avec la Flamme Violette tout ce qui est injuste,
Ce qui en est la cause, le cœur, la semence, les effets de cette iniquité
Ainsi que toutes les mémoires qui y sont associées.

Que la volonté de Dieu soit faite.
Que la Lumière de la Liberté puisse seule guider
Ce déploiement de merveilles
Et que les Seigneurs du Karma répondent à notre appel
Et une fois pour toutes qu'Ils nous ramènent, qu'Ils nous rendent à l'Amour,
l'Amour, l'Amour, et à l'Amour encore.
Qu'il en soit ainsi pour toujours. Amen.

* * *

Formuler vos propres formes-pensées de vérité contre la corruption

Ensemencer la conscience de masse avec des formes-pensées correctes concernant votre région peut aussi conduire à des effets locaux particuliers. En tant que porteur de lumière vous représentez la vérité. Votre sens inné de ce qui est bien et mal provient de votre expérience de l'âme qui remonte à des millénaires. Chaque signe de corruption vous dérange, peu importe qu'il soit insignifiant, s'il entre dans votre champs d'expérience, il vous sera donné l'occasion de le corriger. D'autres voudront l'ignorer, s'écarter de cela dédaigneusement puisque les choses sont ainsi, mais vous, vous ne pourrez prendre cela à la légère.

La corruption pénètre tous les niveaux de notre société aujourd'hui. C'est parce que nos hauts dirigeants sont corrompus, immoraux, et ce manque de moralité s'étend à travers la société toute entière et tente tout ceux qui ont un quelconque goût pour le pouvoir.

Le maire de votre ville est suspecté de fraude ou de détournement de fonds. Un membre respecté de la communauté, un conseiller en investissement escroque ses clients de plusieurs millions. D'autres font la promotion de plans d'investissement de toute sorte et ce faisant, volent gentiment des milliards à leurs clients. Ce sont des exemples de corruption qui font la une des journaux. Cependant, d'autres actes, soit restent inaperçus ou sont estimés trop insignifiants pour faire des histoires à leur sujet. Les employés municipaux ou les fonctionnaires du comté voire du canton peuvent présenter des demandes de remboursement qui exagèrent les dépenses réelles. L'employé en charge des objets perdus et trouvés peut prendre ces objets trouvés pour son propre usage. Le personnel affecté aux réserves de ces magasins locaux d'occasion pourrait garder toutes les donations de valeur pour lui et mettre le rebut en vente pour le public. Le marchand de légumes pourrait fausser sa balance si légèrement pour tromper ses clients de quelques cents le jour du marché. Les gourous, savants experts, médiums et voyants Nouvel Âge facturent des sommes importantes pour des informations fausses qui leur ont été données par des entités astrales sans principe. La liste s'allonge de plus en plus, et à moins que ces cas de corruption apparemment inoffensifs ne soient éliminés à tous les niveaux de la société, la terre ne pourra progresser.

Chacun y compris les porteurs de lumière, doit devenir conscient à la fois de la plus grande comme de la moindre présence de corruption et ne pas être effrayé de dire la vérité, en particulier dans les petites villes et les communautés rurales où le « brassage de la cage » pourrait énerver les amis et les voisins ayant des droits acquis cachés. Le porteur de lumière va devoir rentrer en conflit avec les personnes impliquées mais doit être conscient, informé des détails dont il s'agit.

Sans contraintes, le porteur de lumière peut méditer sur ces cas de corruption et envoyer l'idée rectifiée à la conscience de masse. Combien de cas de corruption similaires, peut atteindre cette idée rectifiée lancée autour du monde? Des millions, y compris le cas précis dans lequel vous êtes impliqué. La vérité peut devenir étonnamment précise et générale au même moment!

Guerriers d'un autre type

Les porteurs de lumière qui composent les rangs des Forces de Lumière de Maître Saint Germain, manient les mêmes armes que les grands Bouddhas : des formes-pensées chargées de vérité. Le champ de bataille sur le plan terrestre prend place dans la conscience de masse que malheureusement les Forces des Ténèbres ont dominée depuis trop longtemps. Chaque action maléfique qui se vit sur le plan terrestre émane d'une pensée maléfique et inversement chaque action bénéfique émane d'une pensée de bien. Une forme-pensée diabolique peut-être neutralisée par sa forme-pensée équivalente de vérité, et la victoire est assurée. Une force militaire maléfique et lourdement armée peut être ébranlée si les formes-pensées qui l'ont créée sont détruites ou neutralisées par des formes-pensées de lumière ayant la connaissance de telles armes. Ainsi une forme-pensée porteuse de lumière doit être scrupuleusement réfléchie ou préparée dans le détail pour assurer son efficacité.

Plus implicite ici, c'est le fait que le porteur de lumière doit déjà être informé et non impliqué émotionnellement avec les informations qu'il ou elle est en train d'élaborer dans la forme-pensée. La création du porteur de lumière doit être basée sur la loi cosmique, être alignée avec son ou sa connaissance du Plan Divin et être pourvue de la connaissance substantielle du cas dont il s'agit. Si les formes-pensées impliquent l'économie, alors les informations à propos de l'économie doivent être sensées et véridiques. Si le gouvernement de connivence avec le secteur bancaire des Forces des Ténèbres est en train d'extorquer des milliards de l'épargne des simples gens, alors le porteur de lumière ou le groupe des porteurs de lumière doit formuler des formes-pensées de bonne gouvernance et de justes opérations bancaires pour contrer ces actions. C'est le genre de pensées guerrières efficaces qui est exigée des forces de lumière. Comme David devant Goliath, tous ceux qui souhaitent prendre part à la tâche de faire crouler le secteur bancaire peut le faire en ensemençant la conscience de masse avec les bonnes formes-pensées pour contrer ce type particulier de collusion. Mais les créateurs de ces formes-pensées nourries de principes doivent être correctement informés de tous les aspects ésotériques ou non-ésotériques des sujets particuliers à leur portée. Nous réitérons à nouveau ce que le Maître Jésus disait sur le sujet :

> ...Premièrement, il faut la voir comme la forme-pensée qu'elle est, et seulement alors une fois que la pensée est claire, les atomes savent comment procéder pour élaborer les molécules de matière autour de la forme-pensée. Ainsi, vous voyez que la pensée elle-même doit être intacte, claire, et aussi précise que possible. Je parle de ces choses, car je trouve que ces quelques obstacles que vous avez tendance à rencontrer auront tendance à se présenter parce que ce qui a été tenté n'a pas été réfléchi à fond. Pas aussi clairement que cela devrait. Laissons alors toutes les choses être vues pour ce qu'elles sont--- pensées, pensées, pensées ...[23]

---

[23] Ibid.

Pensées missiles

Un forme-pensée complexe peut survenir comme résultat d'un livre écrit sur un sujet particulier, un blogue de site web, une lettre écrite aux autorités concernant un délit observé, une observation, un projet de recherche privé et une réaction aux nouvelles de presse. Une fois réfléchie en détail sérieusement, la forme-pensée, pour être toujours efficace, doit être consciemment envoyée à la conscience de masse comme un « missile de pensée ».

Ensemble les formes-pensées du bien et du mal existent dans la dualité terrestre, mais les formes-pensées du bien sont dotées d'avantage dans chaque bataille qui implique les deux. Nous devons nous attendre à ce que les Forces des Ténèbres résistent et ne s'inclinent pas sans un combat. Surmonter leurs bruits et leurs cliquetis de chaînes pourrait être difficile et ceci quand la plupart renonce. Le mal semble prendre le pouvoir seulement quand la forme-pensée du bien renonce trop vite et reste dormante en raison de la négligence, de l'apathie ou de l'acquiescement.

La persévérance dans la formulation de forme-pensées est en soi un défi. Ensemencer activement la conscience de masse avec des formes-pensées bien conçues, détaillées est probablement la plus puissante arme qui existe contre le mal. Sapez la mauvaise action en ébranlant la véritable forme-pensée qui la soutient, et vous avez gagné la bataille. La défaite est manifeste sur le plan terrestre.

Les porteurs de lumière ne doivent pas

s'attendre à gagner un concours non plus. En fait, ils sont censés nager contre le courant dans la plupart des cas. À tout moment, ils doivent employer la sagesse en formulant leurs pensées. La plupart du temps, adopter le silence pourrait être la meilleure manière d'agir quand on est parmi les amis et la famille. Toutefois, dans le silence de votre espace de méditation, vous pouvez créer des formes-pensées puissantes et bien-construites qui peuvent avoir un impact majeur sur les évènements du monde et de votre communauté.

En somme, comme des guerriers d'un nouveau genre, les porteurs de lumière peuvent activement observer, méditer, enseigner et parler franchement au nom de principes, et faisant cela, ils créent les graines de formes-pensées qui peuvent être envoyées comme des missiles de pensée à l'intérieur de la conscience de masse et à partir d'elle, être distribuées dans le monde entier.

Invoquer l'aide de la Hiérarchie Spirituelle

Les Maîtres de Sagesse se tiennent prêts à aider le porteur de lumière seulement si le porteur de lumière fait les premiers pas pour réunir et bien réfléchir aux informations utiles pour la formulation des formes-pensée. Ceci inclut le temps investit et l'effort d'intégration pour acquérir une connaissance active de la Sagesse Antique, car c'est une combinaison de connaissances terrestres et spirituelles ancrées dans les siècles qui sapera les opérations des Forces des Ténèbres.

Par respect et adhésion à la loi cosmique de Libre Arbitre, la Hiérarchie Spirituelle doit rester en dehors de toute bataille particulière dans

Ch 5 Ensemencer la conscience de masse

laquelle vous êtes impliqué, jusqu'à ce que vous invoquiez leur aide. Une fois invoquée, ils mettront à la disposition des porteurs de lumière toutes les ressources dont ils ont besoin pour formuler la forme-pensée pour gagner dans le combat. Il leur ait donné accès aux informations et aussi on leur rappelle certaines lois cosmiques et les principes concernés. Donc, il est important de se rappeler d'invoquer l'aide de l'Hiérarchie Spirituelle si nécessaire.

Aider à la transmutation de la matière dense

La transmutation de la matière dense est un changement, et ensemencer la conscience de masse avec des formes-pensées chargées de principes dans notre bataille contre les Forces des Ténèbres aide à provoquer la transformation de la terre que nous désirons. Ceci n'est pas l'affaire d'une nuit, car même après que la bataille avec les Forces des Ténèbres aura été gagnée, l'effort continu des porteurs de lumière pour ensemencer la conscience de masse à partir des Régions Spirituelles sera nécessaire pour apporter au monde l'équilibre. Cet équilibre sera-t-il accomplit avant 2050-2060? Cela dépendra de comment nous modèleron la conscience de masses à ce moment-là.

Chapitre 6
Naviguer à travers la tourmente

Nous avons maintenant une idée vers où la civilisation se dirige dans le Plan Divin et ce que nous pouvons faire pour déterminer la direction du voyage au moment où le système économico-financier s'effondre et que le monde anticipe la guerre et les changements terrestres. Tous ont une part dans la transmutation de la matière dense de troisième dimension en matière plus légère sur la voie de la quatrième dimension.

Durant les cinquante prochaines années, nous devons nous attendre à davantage de «hauts et de bas extrêmes» et la société continuera d'expérimenter des vagues d'émotions qui harcèleront l'individu et tenteront de le ou la faire sortir de son ordre quotidien. Vous, en tant que porteur de lumière au beau milieu de ce chaos, devez développer votre force d'âme non seulement pour vous sortir intact de cette période, mais aussi pour exercer la direction que vous vous êtes engagé à assurer durant cette période. Essentiellement, vous devez réussir à mettre votre réflexion consciente au service de votre plan divin.

L'ampleur des changements devant nous est

telle que nous ne pouvons plus compter sur les gouvernements, les bureaucraties, les organisations charitables et autres pour de l'aide. Ces organisations, y compris celles privées, tomberont toutes en panne. La seule direction durable dans cette transition viendra des porteurs de lumière qui sont fermement en contact avec leurs âmes et qui peuvent rester centrés, intérieurement paisibles tout en étant entourés par le chaos.

La voie conduisant à la réalisation consciente de votre mission sur terre durant ces temps sera accablée d'obstacles. Comme nous l'avons mentionné dans le Tome 2, votre incarnation a déjà été ciblée, et un essaim de distractions et d'obstacles a été répandu devant vous pour vous faire quitter la voie. Ceci est un fait avéré pour beaucoup dans vos existences. Beaucoup d'entre vous ont été affaiblis par la possession d'entités, par des relations et des mariages dysfonctionnels, des problèmes d'argent de longue durée qui furent exacerbés par la crise économique et/ou juste par une vieille paresse. Personne ne vous a promis un jardin de roses quand vous vous êtes porté volontaire pour cette période et vous avez encore le choix après tout, soit de remplir votre mission ou de réussir à vous extraire de l'incarnation avec la pénible réputation de « Mission Non-accomplie ».

Nous avons insisté sur le besoin de vous ancrer dans la Sagesse Ancienne, pas comme une autre sorte d'endoctrinement religieux, mais comme un chemin pour développer votre conscience et votre esprit de telle manière qu'il puisse mieux discerner les mensonges de la vérité, les sophismes de la sagesse et les distractions et la duplicité de la voie véritable. Les enseignements pseudo-spirituels conçus pour remplir votre carnet sont envahissants, mais s'ils ne sont pas basés solidement sur la loi cosmique, ils seront finalement abandonnés en cours de route. Pendant ce temps, vous avez gaspillé des efforts et du temps précieux en ayant été temporairement arrêtés au passage sur la voie. La plupart des porteurs de lumière retourneront finalement à leur voie et à leur mission, même après avoir été provisoirement distraits par une myriade de stratégies que les Forces des Ténèbres promeuvent.

Honorer Amon Ra et votre âme

Il est aujourd'hui de la plus haute importance pour chacun d'entre nous de rétablir le contact avec le Dieu Soleil de notre système solaire, Amon Ra, car le « Dieu intérieur » ou « JE SUIS » de qui nous parlons constamment émane de lui. D'égale importance est sa contrepartie féminine, Vesta. Ensemble, ils représentent l'équilibre parfait entre les caractéristiques féminines et masculines qui régissent notre système solaire et que la terre au fond imite.

L'ultime créateur de l'Univers, qui est souvent mentionné dans la Sagesse Antique comme étant Brahma est trop grand pour être conçu par nos esprits chétifs[24]. Si grand est l'univers de sa création que l'on nous dit qu'il y a quinze billions (15, 000, 000, 000,000) de systèmes solaires, chacun avec un soleil central, une grande âme pareille à

---

[24] Il y a certaines personnes aujourd'hui qui revendiquent d'être en contact direct avec le Grand Brahma. Ces infortunés souffrent d'une grande illusion portée essentiellement par leurs propres egos. Une telle communication directe devrait immédiatement anéantir le prétendant puisque la puissance de Brahma ne ressemble à aucune autre.

notre Dieu Soleil, Amon Ra!

Ainsi, durant les hauts et les bas de nos vies ici sur la planète terre, nous nous réjouissons d'avoir si directement un Dieu représentatif comme Amon Ra, et tellement que chaque matin nous nous éveillons pour voir et ressentir la grande chaleur du Soleil qui représente la présence de Son corps physique manifesté.

Durant la plus grande partie de la première moitié de la Quatrième Ronde, la majorité des anciennes civilisations adoraient le Dieu Soleil comme un acquis. Des témoignages de leurs cultes peuvent être trouvés partout autour du monde, dans les temples, les pyramides, et les icônes. Peu à peu, le culte du grand Dieu Soleil a été ridiculisé et détourné en faveur d'autres images forgées, émanant de religions humaines, pour justifier les rapports que leur clergé entretenait avec Dieu.

La civilisation moderne, en particulier la Cinquième Race Racine, s'est sentie capable de remplacer le Soleil avec la science et la pensée rationnelle en dépit des levers et couchers de soleil quotidiens devenus tellement évidents pour nos sens. Même la science la plus élémentaire conclut forcément que sans le Soleil, il n'y aurait pas de vie sur terre. Ainsi cette reconnaissance fondamentale d'Amon Ra comme véritable source de vie en soi de tout ce qui existe sur terre, doit retourner à la conscience générale de l'humanité comme un pré-requis pour entrer dans le Nouvel Âge.

L'origine du « Dieu Intérieur »

La vérité « Nous sommes les fils et les filles de

Ch 6 Naviguer à travers la tourmente

Dieu » doit être à nouveau honoré dans le Nouvel Âge. Le Soleil, Amon Ra émet des milliards de rayons, chaque rayon transporte la substance et les caractéristiques complètes du Soleil, juste comme une goutte d'eau de mer transporte toutes les propriétés de l'océan. Ce rayon ou étincelle de Soleil est appelé une monade et chaque rayon coule à travers l'espace et se loge dans chacune et chacun d'entre nous comme la ligne de vie qui nous relie directement à Amon Ra et à la vie elle-même.

Dans le monde physique, tout dépend du Soleil physique, car sans lui la vie cesserait sur terre. C'est l'analogie extérieure qui démontre l'organisation interne du monde. Dans le monde intérieur, chaque monade passe au travers des plus fines et des plus spirituelles parties de notre être et fait sa descente à travers nos corps mental, astral, éthérique et finalement physique. En cours de descente, cet unique rayon ou monade s'incarne comme l'âme dans la matière supérieure mentale-spirituelle-bouddhique de nos corps.

... à partir de la monade « minéral » jusqu'au moment où cette monade s'épanouit par l'évolution pour devenir la MONADE DIVINE ... C'est toujours une seule et même Monade, différant seulement selon ses incarnations, partout dans ses cycles toujours successifs d'obscurcissement partiel ou total de l'esprit, ou de l'obscurcissement partiel ou entier de la matière - deux antithèses polaires – quand elle s'élève dans le royaume de la spiritualité mentale, ou plonge dans les profondeurs de la matérialité.[25]

---

[25] Blavatsky, H. P. *op. cit.*, v. 1, p. 175.

L'âme alors étire son énergie à l'intérieur des vibrations denses de la matière qui constituent les corps physiques et éthériques. Finalement dans le corps physique, l'âme établit un appui dans la glande pinéale au centre du cerveau.[26] À partir de la glande pinéale, l'âme maintient la relation entre le corps physique et la monade et règne comme le « Dieu Intérieur ». Ainsi la connexion à partir de la glande pinéale dans le cerveau jusqu'à Amon Ra, le Soleil, reste intacte, éternelle et inviolable, un miracle en soi et de soi-même.

Nous pouvons dire alors que l'âme est la première incarnation de la monade et est individualisée dans la matière vibratoire supérieure qui reste invisible aux sens du corps physique, cependant elle fait descendre des impulsions à l'inconscient et à l'esprit conscient du corps physique. Ces impulsions se manifestent physiquement sous la forme de connaissances, formes-pensées et intuitions.

C'est ce que le Maître Jésus veut signifier quand il déclare: « Vous êtes le temple de Dieu ». Nos corps physiques recouvrent quelque chose d'étonnant: «le Dieu Intérieur» dans la glande pinéale de votre cerveau, votre prélat personnel dans votre temple privé.

Le but des cinquante prochaines années

Le but des cinquante prochaines années pour l'humanité c'est d'achever le contact conscient avec l'âme qui autorisera son expression à travers nos véhicules physiques. Cette expression

---

[26] La plupart des experts du Nouvel Âge placent erronément le siège de l'âme dans le cœur.

Ch 6 Naviguer à travers la tourmente

nécessairement se traduira en votre plan et mission individuels.

Les impulsions ou intuitions que vous recevez de votre âme sont rationnelles et édifiantes, non pas provoquées par l'émotion. Recevoir une impulsion de l'âme c'est comme une ampoule de lumière qui explose dans votre tête, et le savoir qu'elle vous transmet est quelque chose que vous reconnaissez. Cette minute cependant, nourrissant exemple d'éclaircissement, est ce qui vous donne ce moment de satisfaction suprême et ce sentiment d'amour élevé. C'est doux et merveilleux, mais pas émotionnel.

Ne soyez pas dupe des fraudes et des voyants charlatans ou même des médiums bien-intentionnés qui prétendent lire le but de votre âme. Si vous ne pouvez communiquer avec votre âme, comment le pourraient ces étrangers? C'est juste logique. Ce qui est requis c'est que vous preniez la décision consciente de faire le voyage dans votre monde intérieur par la méditation afin de découvrir par vous-même ce que cette part individualisée du grand Dieu Soleil, Amon Ra, connaît de votre plan divin individuel.

Il va de soi que si vous deviez établir un contact avec votre âme et lui permettre de s'exprimer à travers votre personnalité physique, vous auriez le Dieu de votre système solaire de votre côté tout au long des bouleversements, de la tourmente de la transition vers le Nouvel Âge. Que pourriez-vous demander et souhaiter de plus?

Contrôler votre Esprit - Le premier pas

Pendant de nombreuses décennies les Forces des Ténèbres ont perfectionné les techniques de manipulation et de contrôle des esprits. Les régimes communistes de l'après seconde guerre mondiale ont employé d'hallucinantes techniques qui incluent la propagande de masse avec tous les moyens connus de communication médiatiques, le contrôle et la manipulation des esprits, la pression des pairs et la torture, l'endoctrinement forcé, les drogues et les haut-parleurs publics omniscients qui endoctrinent le peuple depuis la minute où les gens s'éveillent jusqu'à ce qu'ils puissent s'échapper dans leurs rêves. Le dernier clou dans le cercueil de ce contrôle fut de limiter combien une personne pouvait manger de nourriture par les tickets de rationnement de nourriture et de déterminer ses fonctions ou son travail.

Aujourd'hui, comme les Forces des Ténèbres sont coincés, il n'est pas surprenant de voir des techniques de forçage d'esprit plus sophistiquées à l'œuvre dans le soi-disant démocratique «monde libre».

Les médias de masse ne disent pas la vérité mais corrompent les faits pour lancer ce qu'ils veulent que les lecteurs croient, conformément à la collusion gouvernementale avec les Forces des Ténèbres. Elles savent comment manipuler la partie la plus vulnérable de nos corps aujourd'hui, le corps astral ou émotionnel, et les techniques de propagande visent le corps astral/émotionnel pour créer peur et tremblement, horreur, obsessions sexuelles, désirs obsédants, haine, racisme, et même de faux espoirs - tout ce qui fonctionne pour maintenir les gens hors de leur centre de gravité, déséquilibrés, muets et désunis dans la société humaine. C'est ce à quoi nous devons faire face aujourd'hui.

L'internet, cette grande invention de Maître Saint Germain, a fourni un excellent moyen de briser l'hégémonie des médias de masse; toutefois, les Forces des Ténèbres étalent leurs efforts pour prendre la direction de cette source d'information. Comme de plus en plus de journaux et d'autres formes traditionnelles de médias s'écroulent dans la crise mondiale financière, ces médias ont recours à l'Internet comme leur principal canal de distribution. De même, il y a un danger croissant de trop d'informations centralisées sur l'Internet, qui pourrait devenir un nouvel outil de manipulation des esprits. De toutes les millions d'histoires qu'un journal peut imprimer tous les jours, nous remarquons que les grands journaux du monde semblent rapporter les mêmes nouvelles les uns à la suite des autres. Les évènements récents ont démontré comment des pays peuvent contrôler l'information passant par l'Internet et c'est évident que le monopole des systèmes d'exploitation d'ordinateur de la Force Sombre leur permet de gagner le contrôle de cet outil de liberté.

Rester en contact avec les évènements est devenu un défi à cause de ce monopole sur l'information. Mais même la propagande a besoin de faits concrets sur lesquels bâtir une histoire. Et avec d'autres nouvelles technologies de communication individuelle, c'est très difficile de cacher des évènements indéniables comme les émeutes de la faim, des révoltes d'impôts, des coups d'états, révolutions, etc. Néanmoins, même le choix des faits et surtout comment les médias les organisent pour construire un récit d'actualités, c'est employé pour présenter de manière partiale les nouvelles, créer de fausses impressions, et jouer tellement avec les émotions que cela oriente votre réflexion d'une certaine façon. Le porteur de lumière doit filtrer ce labyrinthe d'informations et discerner quelle est la vérité, quels sont les mensonges.

Les choses empireront jusqu'à ce que la hache finale s'abatte sur les Forces des Ténèbres, et alors, l'humanité sera libérée de leur régime. Les porteurs de lumière ne peuvent succomber à ces tactiques mais doivent apprendre à frayer leur chemin à travers cette agitation pour survivre intacts. Si non, ils ne pourront pas faire ce qu'ils sont venus faire ici, c'est indispensable et cela doit reconstruire la société pour le Nouvel Âge.

Parcourir notre voie durant cette dure période de trouble sera un défi mais il existe quelques manières étonnamment élémentaires que la Sagesse Antique nous accorde pour que nous puissions cheminer au travers de la manipulation des esprits, maintenir notre indépendance et notre libre-arbitre reçu de Dieu. Comme nous l'avons dit plus haut, avec le Dieu de notre Système Solaire, que pourrions-nous demander de plus?

Se protéger de la manipulation émotionnelle de masse

Une célèbre pop star ou une personnalité politique meurt soudainement et des rites funéraires de masse sont télévisés dans le monde entier. Des stars médiatiques répandent des pleurs sur scène et chantent pour un public mondial qui est aspiré dans un vortex de tristesse, de perte, de regret, et de nostalgie pendant que l'orchestre joue des airs qui font vibrer vos cordes sensibles. Les téléspectateurs dans les coins les plus reculés de la terre se convulsent en larmes dans leurs salons. Dans d'autres cas, les derniers tours des jeux de la Coupe du Monde captivent le monde, transmettent des conflits, de fortes émotions combatives, de la haine, de la division, de la différence, aboutissant dans certains cas à des pillages, du vandalisme et même à la mort. Dans un autre cas, un célèbre gourou indien fait une apparition dans un immense parc public, son épouse parée de bijoux en or se trouve à côté de lui sur une scène dorée. Comme des moutons, des hordes encerclent la scène autour de lui chantant, et marchant et faisant leur proie de sa précieuse parole. Des larmes de dévotion coulent de leurs yeux alors que leurs émotions prennent le contrôle, et ils succombent aux paroles du gourou ... et en reconnaissance, ils ouvrent volontairement leurs portefeuilles. Tout ces exemples fournissent du fourrage pour régaler les entités du plan astral et davantage de possibilité de manipulation de la pensée dès que les émotions l'emportent sur la réflexion claire.

Les masses médias apportent dans chaque maison des évènements émotionnels de masse à travers la télévision. Nous devrions nous méfier de tels évènements car ils exigent les sommes énormes d'un soutien financier et l'organisation que seules les Forces des Ténèbres détiennent aujourd'hui. Le seul moyen d'attirer d'énormes publics dans le monde entier c'est d'exploiter le corps émotionnel par la manipulation astrale du «crochet émotionnel». Regardant plus profondément nous observons que le véritable but de ces évènements est d'ancrer davantage l'humanité au monde matériel dense à travers l'astral de la personne ou le corps émotionnel.

La règle d'or pour un porteur de lumière, c'est de se diriger dans la direction opposée des évènements de masse et des réunions. Pendant que la foule se rue dans une direction, le porteur de lumière avance dans la direction opposée ou simplement éteint la télévision ou l'ordinateur vous servant l'évènement. Les émotions de masse n'ont pas de *raison d'être* excepté de manipuler l'humanité pour des buts plus insidieux. Si vous vous sentez tiré dans la même direction que les masses, alors vous êtes en train de succomber à la manipulation mentale. Cette règle s'applique non seulement pour les rassemblements de masse mais aussi aux tendances de la mode, la dernière fureur ou la dernière vogue populaire du mois.

Pendant cette longue période tumultueuse, le porteur de lumière doit développer et maintenir l'indépendance de pensée et la capacité d'aller contre le courant populaire pendant que le reste du monde est dans la panique. C'est pour cette raison que le contrôle mental est de la plus haute importance.

Prenez le Contrôle de votre Esprit

L'information venant dans votre vie à travers la télévision, la radio, les bruits de fond et l'internet est relativement facile à couper, pourvu que vous n'ayez pas une dépendance psychologique envers eux. Reconquérir le contrôle de votre esprit des suites d'une myriade de distractions autour de vous

vous rend le gouvernail qui vous aidera à naviguer à travers la mer de chaos dans les années à venir.

Développez la capacité à vous concentrer

Comme les stabilisateurs sur un navire naviguant dans la tempête, la capacité de se concentrer est l'étape pour reconquérir le contrôle sur votre esprit et la clé pour survivre à la tourmente qui est devant. Comme l'accélération continue de creuser chaque coin et recoin de la vie, les bouleversements continueront de frapper à tous les niveaux de la société. Pas une personne n'échappera aux changements forgés par l'accélération.

Comme la vie se déploie quotidiennement, il y a d'innombrables distractions qui s'agrippent à votre esprit conscient le faisant papillonner de distraction en distraction. Les tâches et les devoirs sont laissés de côté et restent inachevés. Vous devenez oublieux. Peut-être vous descendez les marches pour une bonne raison et une fois en bas ne pouvez pas vous souvenir ce que vous êtes allez faire là. Vous entreprenez de faire quelque chose et quelques minutes plus tard vous finissez par vous plonger dans autre chose. Vous vous élancez de projet en projet sans jamais terminer aucun d'eux.

Ces distractions sont souvent astralement induites lorsque votre corps astral ou émotionnel harcèle de concert, avec les vagues générales flamboyant au travers du plan astral. Quand cela s'adresse aux porteurs de lumière, qui sont souvent les cibles des Forces des Ténèbres, ces distractions deviennent des tentatives plus délibérées de vous faire quitter la voie pour la journée ou même pour le reste de votre vie. Ceux qui ont une prédisposition psychique comme c'est le cas pour beaucoup de porteurs de lumière, sont particulièrement sujets à ce type de manipulation astrale. Ainsi, l'aptitude à ralentir l'esprit conscient toujours virevoltant est un urgent besoin aujourd'hui pour neutraliser la confusion mentale et les activités floues, déconcentrées durant les heures d'éveil. En outre, un esprit facilement distrait conduit à de plus graves problèmes tels que la dépression, la toxicomanie, et une foule de maladies psychosomatiques.

Ci-dessous nous recommandons trois façons simples que vous pourriez adopter pour vous aider à construire votre capacité à vous concentrer.

1. Les sept inspirations et expirations

Nous recommandons un exercice très utile que les bouddhistes néophytes tibétains emploient pour ralentir l'esprit conscient. Cette technique est utile pour reconquérir votre capacité à vous concentrer, une première étape dans le contrôle de l'esprit conscient. Elle consiste simplement à inspirer et à expirer sept fois sans perdre votre concentration. Dès que vous maîtrisez cette technique, vous mettrez votre esprit sous VOTRE contrôle et à partir de là vous pourrez bénéficier de formes de méditations plus profondes.

1. Trouvez un endroit calme dans votre maison où vous pouvez aller sans être interrompu.

2. Asseyez-vous calmement pendant quelques minutes et prenez quelques profondes respirations pour apaiser votre corps.

3. Dites-vous que vous êtes maintenant en train de prendre sept profondes inspirations et expirations sans laisser votre esprit se distraire.

4. Concentrez-vous uniquement sur votre inspiration et sur votre expiration, rien d'autre.

5. Prenez une première respiration profonde. Expirez. Concentrez-vous sur cette respiration et son expiration.

6. Prenez une deuxième respiration profonde et expirez. Il y a des chances pour que votre esprit soit déjà passé à un autre sujet. Si non, allez à la troisième respiration, puis quatrième et ainsi jusqu'à la septième.

7. Chaque fois que votre esprit virevolte au cours de cet exercice, arrêtez et recommencez tout! Vous pourrez être surpris de découvrir que votre esprit commence à voltiger même après la première respiration. Atteindre la troisième respiration sans virevolte d'esprit est déjà en soi un exploit, et vous êtes là à mi-chemin!

Soyez honnête avec vous-même quand vous réalisez que votre esprit a rompu la concentration et retournez à la première respiration. Retenez-le comme vous le feriez pour un cheval sauvage et tentez de finir les sept inspirations et expirations sans perdre une demi-seconde de votre concentration.

Au début, vous serez surpris de constater combien votre esprit conscient et rebelle reste indépendant à votre contrôle tant désiré. Cela devrait vous indiquer que votre esprit a besoin d'être sous VOTRE contrôle plutôt que d'être sujet aux multiples distractions de votre existence et ainsi soumis aux manipulations des Forces des Ténèbres. Mais ne soyez pas accablé par l'apparente activité récalcitrante de votre esprit au début. Gardez une attitude légère et ne vous découragez pas à l'avance car vos efforts porteront certainement leurs fruits si vous persistez, et vous atteindrez le but de la septième respiration avec plein contrôle.

Faites cet exercice au moins une fois par jour, plus si possible. Faites-le pendant que vous attendez quelqu'un ou quand vous faites une pause dans votre vie quotidienne, même quand vous êtes coincé dans le trafic ou que vous attendez chez le dentiste.

À mesure que vous obtenez de plus en plus de contrôle sur votre esprit, vous devriez commencer à percevoir des changements positifs dans votre vie et à savoir comment composer avec les crises de famille ou d'affaires dès qu'elles se présenteront. Qui plus est, vous saurez que vous avez franchi une étape importante pour obtenir la domination sur votre esprit conscient et sur votre vie sur terre.

2. Méditation d'ensemencement de pensée

Après avoir conquis avec succès les sept inspirations et expirations et avoir gagné une meilleure emprise sur votre esprit conscient, vous pouvez passer à une méditation d'ensemencement de pensée.

1. Choisissez une pensée sur laquelle vous voudriez méditer par ex. votre service

divin, votre mission dans la vie, un défi d'affaire, un problème relationnel ou n'importe quelle pensée qui semble vous préoccuper en ce moment. Choisissez seulement une pensée pour méditer à son sujet. Si vous vous sentez ému au sujet de la pensée source, essayez de calmer l'émotion du mieux que vous pouvez.

2. Asseyez-vous dans un endroit calme et terminez les sept inspirations et expirations comme préparation pour votre méditation d'ensemencement de pensée. À ce moment-là, votre esprit conscient devrait être ralenti pour cette méditation.

3. Maintenant, fixez votre attention sur cette idée source, en portant toute votre attention sur elle. Vous pourriez avoir besoin de visualiser le mot qui représente la pensée par ex. « mission » ou « argent ». Ne permettez pas à vos émotions d'obscurcir la question, fixez-vous juste sur la pensée.

4. Lorsque vous vous concentrez sur le mot source ou l'idée, vous pouvez la détailler et l'analyser ou juste vous concentrer sur elle jusqu'à ce qu'elle se décompose elle-même et vous la voyez plus profondément.

5. Sondez profondément à l'intérieur de la forme- pensée avec la même fixation et concentration.

6. Lorsque vous examinez profondément, la pensée devrait produire sa propre solution ou montrer une résolution dans votre vie. Un grand nombre des problèmes de l'existence peuvent

être résolus de cette manière, particulièrement ceux qui semblent intraitables durant cette période tumultueuse.

3. Pratiquez le Yoga

L'art et la science du Yoga doivent avoir été inventés pour ces temps tumultueux, car il reste une des meilleures aides pour reconquérir le contrôle de votre esprit et de votre corps après tant de siècles. Beaucoup d'hommes à l'Occident pour d'étranges raisons pensent que la pratique du yoga est une «affaire de filles». Il se pourrait qu'ils ne veulent simplement pas perdre la face quand ils réalisent combien rigide et raide est l'état de leurs corps physiques? Si les hommes évitent la pratique du yoga pour toute sorte de raisons, ils perdent une des plus bénéfiques sciences de contrôle de l'esprit qui soit disponible.

Quelle méthode de yoga devriez-vous pratiquer? Dans la plupart des salles de yoga de l'Occident, la pratique du yoga en est venue à être ce genre de gymnastique (art de produire de beaux corps sains) appuyé du bout des lèvres par une méditation expéditive après une série d'exercices transpirants ou *asanas*. Des variantes de l'aspect physique du yoga ont été adoptées sur une pratique presque masochiste telle que faire grimper la température ambiante pour vous faire transpirer abondamment pendant que vous pratiquez les poses.

En réalité les *asanas* sont juste une partie de toute la signification du yoga qui est UNION, et sont pratiqués en combinaison avec le jeûne, la méditation et la discipline mentale pour aider le chercheur à unifier tous les corps qui opèrent sur le plan terrestre - physique, éthérique, astral, mental et spirituel. Si cela est accompli, une telle union permet à l'âme de briller au grand jour et de s'exprimer à travers tous les corps, en particulier par le corps physique. Ceci n'est pas mieux expliqué que dans les sûtras sacrés de Patanjali dans le Raja Yoga, le Yoga des rois, la forme préférentielle et recommandée de yoga pour cette époque, car elle contient toutes les méthodes précédentes.

Voici ce que le Maître Djwal Khul disait au sujet des différentes pratiques de yoga :

Les Yogas divers ont tous joué leur rôle dans le développement de l'être humain. Dans la première race purement physique de l'être humain, la race lémurienne, l'humanité dans son enfance fut justifiable du Hatha Yoga, le Yoga du corps physique, par lequel divers organes, muscles et autres parties de la forme humaine, sont consciemment employés et manipulés. À cette époque, le problème se posant aux adeptes était d'enseigner aux êtres humains, qui n'étaient guère plus que des animaux, le but, le sens et l'emploi de ces différents organes afin qu'ils puissent consciemment les dominer; et de leur apprendre la signification du symbole que représente la force humaine. En ces jours primitifs, c'est par la pratique du Hatha Yoga que l'être humain atteignait le portail de l'initiation. La plus haute initiation par laquelle l'homme était capable de passer était la troisième, aboutissant à la transfiguration de la personnalité.

Aux temps Atlantes, deux Yogas assuraient le progrès des fils des hommes: premièrement, le Yoga nommé Laya Yoga, ou Yoga des centres qui provoquait chez l'homme une stabilisation du corps éthérique et des centres, tout en développant la nature astrale et psychique. Plus tard, le Bhakti Yoga, issu du développement du corps émotionnel ou astral, s'incorpora au Laya Yoga, formant ainsi les assises du mysticisme et de la dévotion, qui constituèrent le stimulant de base de notre raceracine aryenne. L'objectif visé était, en ce temps, la quatrième initiation. Le thème de ces grandes initiations a fait l'objet de considérations plus étendues dans mon ouvrage antérieur: *Initiation humaine et solaire*.

Actuellement dans la race aryenne, la maîtrise du corps mental et le contrôle de l'intellect s'obtiennent par la pratique du Raja Yoga et c'est la cinquième initiation, celle de l'adepte, qui est le but de l'humanité en voie d'évolution. Tous les Yogas ont donc joué leur rôle et servi un dessein utile; mais il deviendra évident que tout retour aux pratiques du Hatha Yoga ou à celles ayant affaire spécifiquement au développement de centres et s'appuyant sur différents types de méditation et d'exercices de respiration, peut, d'un certain point de vue, être considéré comme rétrograde. On arrivera à la conclusion, qu'à travers la pratique du Raja Yoga, et en assumant contrôle directionnel que l'on trouve chez l'homme dont la conscience est axée dans l'âme, toutes les autres formes de Yoga deviennent inutiles, car le Yoga le plus élevé inclut automatiquement tous les autres, non en ses pratiques, mais en ses résultats.²⁷

Il est hautement recommandé de lire *L'Art et la Science du Raja Yoga* par Swami Kriyananda (J. Donald Walters) basé sur les enseignements de Paramhansa Yogananda.

Traitement de la possession d'entité

Votre corps astral ou émotionnel répond à l'ensemble du plan astral de la terre et comme l'accélération bondit et passe à travers le plan astral, cela dérange et agite le plan astral tout autant que votre corps émotionnel. L'esprit est le principal moyen de contrôler votre corps astral. Si vous ne pouvez pas contrôler votre esprit conscient, votre corps astral ou émotionnel se balancera avec l'agitation sur le plan astral et vous vous sentirez à la fois enthousiaste et démoralisé au moment ou des vagues d'agitation balayent le plan astral. Sans savoir pourquoi vos humeurs changent d'heure en heure, de jour en jour, vous pouvez sentir que vous avez perdu le contrôle de vous-même. Telle est la vie sous le régime du corps émotionnel.

Les coques astrales sans âme et les entités qui habitent le plan astral courent le risque d'être anéanties par l'accélération. Elles se battent pour survivre et leur source d'énergie de rechange pour se garder de la détérioration peut être VOUS. Elles s'accrocheront aux gens afin de retirer de l'énergie pranique du corps éthérique de ces personnes. Elles peuvent prendre le contrôle, le pouvoir sur vos corps et provoquer des comportements malsains et obsessionnels; dépendance à l'alcool, à la drogue et

---

[27] Alice A. Bailey, *La Lumière de l'Âme, Les Yoga Sûtras de Patanjali,* New York: Lucis Publishing Co., 1997, pp, x-xi.

au sexe; dépression, insomnie, cauchemars, épuisement, et ainsi de suite. C'est ce que l'on appelle une possession, autrement dit une personne possédée par des entités; et de plus en plus de gens seront victimes de ce phénomène durant cette période.

Les porteurs de lumière sont les principales cibles de la possession d'entité parce qu'ils ont tendance à être plus ouverts au niveau du plexus solaire par manque de communication avec les autres dimensions. Les incarnations entrantes de la Sixième Race Racine sont aussi assez prédisposées à la possession d'entité car leurs véhicules corporels sont plus ouverts a recevoir des impulsions des dimensions supérieures. Cependant, comme les choses continuent à s'accélérer, il devient plus évident que la population générale dans son ensemble peut être menacée comme en témoigne la folie croissante.

Selon la façon dont la personne est ouverte sur le plan astral, la possession peut commencer à un très jeune âge et être de longue durée. Ou la possession peut être un épisode temporaire, aléatoire. Dans le cas des porteurs de lumière, la possession par entité est plus délibérée, étant encouragée par les Forces des Ténèbres qui ciblent l'entrée en incarnation des porteurs de lumière afin de les invalider ou de les virer de leurs missions spirituelles.

Il y a trois manières que nous recommandons pour vous déposséder de l'adhérence des entités.

Ch 6 Naviguer à travers la tourmente

1. Faites retentir le Om et le Double Om

Les entités astrales peuvent bourdonner autour de vous comme des mouches, suggérer des sentiments, des idées et des actions qui vont à l'encontre de votre mission. Ces entités savent comment calibrer ces pensées pour vous faire croire qu'elles sont les vôtres. En plus, si elles trouvent une victime consentante, elles peuvent même s'attacher à vous. Il y a trois étapes pour se débarrasser de la perturbation des entités :

1. Quand vous êtes conscient que quelque chose est en train de tourner autour de vous, faites retentir le OM oralement et la plupart du temps, elles reculeront. Faire retentir le OM évoque essentiellement des énergies qui sont trop élevées et trop pures pour que ces entités résistent. Elles partiront parce qu'elles sont incompatibles avec les énergies que l'âme émet à travers vous.

2. Parfois malgré le OM, ces entités arriveront à vous coller et à continuer à vous perturber. Dans ce cas, vous pouvez faire retentir le double OM. Essentiellement vous faites retentir le OM oralement ou silencieusement, sans parler. Pendant que vous faites cela, visualisez la boule de lumière représentant votre âme qui réside dans la glande pinéale de votre cerveau. Demandez-lui de faire retentir le OM au même moment que vous à partir de là. Le résultat sera votre âme et votre personnalité faisant retentir le OM au même moment. Mais vous devez être dans le processus de recherche du contact avec l'âme pour accomplir cela. (Voir chapitre 7)

3. Faisant encore retentir le OM oralement, visualisez les énergies du OM en provenance de votre âme et purifiez vos corps éthérique, astral, et mental. Les entités astrales devraient se disperser.

2. Invoquez la protection de la Hiérarchie Spirituelle

Les Maîtres de Sagesse et les Royaumes Angéliques se tiennent prêts à aider tous ceux qui invoqueront leur guidance et leur protection. À cause de leur constant respect pour la loi du Libre Arbitre, vous devez invoquer leur protection. Voici ci-dessous une invocation qui peut vous affranchir de ces attachements grâce à l'intervention divine.

INVOCATION DE PROTECTION

Anges de Dieu bien-aimés,
Maîtres de Sagesse, de Paix, d'Amour bien-aimés,
Maîtresses des Cieux bien-aimées,
Bien cher Frère Jésus le Christ bien-aimé,
Grand Maître St Germain bien-aimé,
Père et Mère céleste bien-aimé,
Qui sont au ciel comme sur terre,
Nous voici devant Vous
Invoquant votre aide céleste en toute chose.

Nous vous demandons de nous protéger en tout temps
Afin que l'œuvre que nous devons faire ici-bas
Ne soit interrompue ou retardée d'aucune façon,
Qu'elle se déroulera avec aisance, en paix et
Qu'elle soit bénite.

Ch 6 Naviguer à travers la tourmente

Nous sommes reconnaissants pour tout le Bien
Que nous ayons pu faire jusqu'à présent grâce à vous.
Nous venons vous demander de continuer à nous protéger
En tout temps et dans toutes les circonstances
Afin de continuer à acheminer le Plan Divin.

Nous demandons une protection continue
Des endroits où nous vivons, travaillons, mangeons et jouons.
Nous demandons aussi une protection continue
De nos bien-aimés en tout temps,
Qu'ils ne puissent jamais servir de pions ou d'outils aux ténèbres
Qui ne sont qu'ignorance de l'Amour de Dieu.

Gardez-nous toujours dans la lumière la plus vive.
Immunisez-nous des forces négatives
Des planètes, des peuples ou des esprits.
Gardez-nous dans le bonheur, en voyant la vérité en toute situation
Épargnez-nous de porter des jugements contre nos frères.

Gardez nous conscients de tout danger éventuel
Qui peut provenir de n'importe quelle source,
Qu'il soit visible ou non,
Connu de nous ou non,
Incarné ou désincarné.
Offrez-nous une porte de sortie
Pour éviter tout danger ou accident
Chaque fois que ce sera nécessaire.

Permettez nous d'être de vrais instruments divins
Capables de prévoir, si nécessaire,
La meilleure action à prendre

Dans tout ce qui nous entoure.

Soufflez nous à l'oreille
Des paroles de sagesse, de bons conseils,
Et veillez à ce que nous soyons toujours entourés
Des anges de lumière, de protection, de sagesse et d'amour.
Que nous puissions refléter
La présence de Dieu
Sur terre comme au ciel.

Veillez à ce que nos vies débordent
De joie, de Gaieté et d'Amour pour toujours.
Que nous soyons capables
De bénir tous ceux avec qui
Nous entrons en contact.
Que notre présence puisse apporter guérison
Et miracles.

Sgr. Michael devant, Sgr. Michael derrière,
Sgr. Michael à droite, Sgn. Michael à gauche,
Sgr. Michael au-dessus, Sgr. Michael en-dessous,
Sgr. Michael, Sgr. Michael partout que j'aille.

JE SUIS, son amour me protège!
JE SUIS, son amour me protège!
JE SUIS, son amour me protège![28]

3. Demandez une guérison télépathique

Si une entité s'est logée en votre personne depuis un certain temps, et que vous découvrez maintenant que certains de vos symptômes physiques, comme par exemple, dépression ou obsession, pourraient être dus à cet attachement,

---

[28] À travers la transe du médium Arthur Pacheco.

vous pourriez ne pas vous sentir assez fort pour vous en débarrasser par le son du OM. Des guérisseurs télépathiques formés, de la Fondation Sanctus Germanus, sont prêts à vous aider gratuitement à vous déposséder de ces entités.

Il suffit de contacter :
telepathichealing@sanctusgermanus.net

Créez un refuge contre la distraction

Le bruit et la distraction sont les outils les plus efficaces des Forces des Ténèbres pour vous empêcher de penser. Pour vous aider à gagner de la maîtrise sur votre esprit, vous devez tenter votre possible pour créer autour de vous un environnement contemplatif et apte à la réflexion. Si vous vivez avec d'autres membres de votre famille qui ne partagent pas vos entreprises spirituelles, essayez d'établir un coin dans votre maison qui soit sacré pour vous afin de vous centrer sur vous-même et retrouver la maîtrise sur votre esprit. Si vous travaillez dans un bureau bruyant, trouvez un endroit et fermez-le de temps à autre et là asseyez-vous calmement. Si vous êtes pris dans le trafic, utilisez ce temps précieux de solitude en voiture pour retrouver votre concentration et vous recentrer. En d'autres mots, saisissez chaque opportunité d'être seul et appliquez l'exercice de respiration 7/7 ou la méditation d'Ensemencement de Pensée afin de regagner le contrôle sur votre esprit.

Appréciez le Silence

Si vous vivez dans un cadre urbain comme la plupart des gens, il y a partout des bruits artificiels par opposition aux bruits de la nature. Ceci est inévitable dans des régions de population dense. Mais il y a là aussi un facteur de manipulation de ces bruits par certains, non pas les bruits provenant du trafic ou de la rue, mais du bruit ou de la musique que certains ont choisi de jouer pour vous.

Musique de Fond

Partout où vous allez de nos jours, il y a une musique de fond qui est injectée dans vos oreilles et ensuite dans votre esprit subconscient. Comme l'accélération monte en puissance, cette musique de fond semble devenir plus urgente, obscène et violente, conformément à la musique programmée par les stations d'émission de musique pop. Dans les centres commerciaux, les supermarchés, les trains, les avions, les aéroports et les autres espaces publics où des gens se rassemblent, cette musique est injectée dans votre cerveau et ses messages insidieux sont enregistrés inconsciemment. Si vous écoutez attentivement et analysez la musique d'ambiance nourrissant votre subconscient vous serez stupéfié. Nous découvrirons un éventail d'émotions transportées par la musique comme la nostalgie, la colère, la violence, le sexe, les conflits de genre entre les sexes, l'infidélité conjugale, les déboires, les promesses et contrats non-tenus -- le tout exprimé dans des accords répétitifs ou de faible niveau et sur des rythmes destinés à stimuler les chakras inférieurs et à ancrer l'être humain dans des émotions, actions inférieures et bestiales.

Une des techniques de la manipulation des esprits, c'est la répétition. Le subconscient répond à la répétition et si vous écoutez bien les paroles dans la musique pop d'aujourd'hui, il s'y trouve peu

Ch 6 Naviguer à travers la tourmente

de logique, de valeur d'humour ou de poésie. À la place, il y a un ou deux slogans qui sont sans cesse répétés sur un rythme répétitif. Observez combien de gens assis dans les cafés, en train de lire, bavarder ou travailler sur un ordinateur portable opinent de la tête au battement de la musique d'ambiance. Ils ont malheureusement été tous entrainés par la répétition magnétique et le battement de la musique et il est très probable que leurs subconscients aient absorbé les formes-pensées abrutissantes et négatives qui se traduiront parfois en actions ou émotions équivalentes dans le futur.

Ce n'est pas de la musique de fond innocente; au contraire, des messages ont été choisis pour véhiculer et renforcer certaines caractéristiques de base de la personnalité de l'homme sur l'inconscient avec pour message récurrent: « Voici ce que vous êtes et voici où vous allez rester.»

Une autre musique est destinée à vous donner l'euphorie momentanée de vous « sentir bien » pour vous faire acheter plus de produits dans les magasins, tandis qu'une certaine musique populaire est conçue pour vous faire sentir branché et vous faire acheter des produits de mode en vogue. Cela se réduit toujours à de la manipulation mentale élémentaire et si vous êtes une des victimes de longue exposition aux rayons de la télévision faisant de vous des moutons (mentalité de suivre le troupeau sans réfléchir), vous devenez aisément une proie de ces formes de manipulation mentale. Si vous êtes facilement manipulé par l'usage commercial de la musique de fond, vous êtes aussi une victime toute prête pour la manipulation politique.

Radio d'ambiance

Contrairement à la musique de fond dans un centre commercial, le bruit des radios est un choix. Vous l'allumez ou vous l'éteignez. L'écoute active à des programmes choisis est une chose, pendant que votre esprit conscient est activement en train de filtrer les mensonges de la vérité. Toutefois, si vous êtes occupé à travailler sur quelque chose, alors la radio devient un bruit de fond qui s'infiltre dans votre subconscient sans aucun filtrage conscient. La radio en arrière-plan commence à jouer le même rôle de manipulation inconsciente des esprits. Éteignez votre radio si vous n'êtes pas en train d'écouter activement, et de vous concentrer sur le contenu du programme.

Éteignez la télévision

S'il y a une simple chose positive que vous pourriez faire pour vous-même, pour vous aider à survivre dans cette tourmente d'aujourd'hui, cela serait de débrancher l'appareil de télévision et de le jeter. La télévision accélère l'émotion par le son, elle décompose vos défenses mentales, et entraîne votre esprit à être moins exigeant. En outre, renforcée par une programmation délibérée, elle stimule le corps astral émotionnel et vous rend vulnérable aux vagues astrales agitées sur le plan astral que régissent les vibrations dans la conscience de masse dans le monde.

La Hiérarchie Spirituelle nous a déjà prévenus que les rayons électroniques émanant des écrans de télévision engourdissent le cerveau, rendant le discernement presque impossible. Nous avons signalé ce fait cru dans le Volume 1, et comment des millions de gens deviennent des moutons en regardant la télévision. Pour garder votre indépendance mentale, vous devez casser toute dépendance avec l'appareil de télévision. La télévision n'est pas votre amie et ne devrait pas être utilisée pour compenser votre sentiment de solitude, d'isolation ou d'ennui.

Sans la télévision scandant des émotions et de la panique préprogrammées, vos capacités mentales sont plus à même de discerner et d'évaluer les informations répandues par les médias y compris par internet. L'esprit éclairé peut distinguer entre les mensonges et les bribes de vérité qui filtrent à travers les mensonges et peut être utilisé pour prendre des mesures rationnelles lorsque les temps de crise réelle sonneront à vos portes.

Suivre les évènements locaux et mondiaux

Vous couper des évènements mondiaux et rester dans l'ignorance des évènements du monde n'est pas une option pour le porteur de lumière. Ce qui est nécessaire, c'est de développer la capacité de réinterpréter les nouvelles en voyant au travers la manipulation pour distinguer la vérité du mensonge. Tenez-vous au courant des nouvelles en lisant des revues et des journaux réputés ou des sites d'information sur internet. Internet vous donne le choix de quoi et quand lire pour se tenir informé. Ainsi trouvez un équilibre entre vous tenir informé sur les évènements autour de vous et vous protéger de la manipulation de pensée de masse qui devrait vous écarter de votre centre.

Si vous méditez régulièrement et que vous êtes en train de travailler au contact de votre âme, certains sujets d'informations vous sauteront aux yeux et se ficheront dans votre cerveau comme étant justes. Des évènements hautement émotionnels devront être reconnus pour ce qu'ils sont, et vous devrez prendre la décision consciente d'éteindre la radio ou la télévision, et de rejeter quoi que ce soit qui parade devant vous. Il est préférable de choisir et de lire ce que vous estimez important, utilisant internet plutôt que vous asseoir devant la télévision et permettre à quiconque qui a programmé les émissions de la soirée de dominer votre vie. Surtout éteignez-là et apprenez à apprécier le silence.

Conclusion

La capacité de prendre le contrôle de votre esprit est essentielle pour naviguer à travers cette période. Un esprit qui est sujet aux caprices du plan astral et de la manipulation mentale subliminale des Forces des Ténèbres sera aux ordres et à l'appel de votre corps émotionnel qui vous harcèlera en s'accompagnant de vagues de peur et de panique. Vous vous sentirez impuissant et désorienté.

Ce que nous avons proposé plus haut vous aidera à naviguer durant cette transition, car ces méthodes ont résisté à l'épreuve du temps à travers d'autres crises mondiales. Elles ne sont pas gadgétisées avec la psychologie pop d'aujourd'hui, des compléments d'herbes médicinales ou des promesses pour améliorer votre ADN. Ces méthodes sont simplement fondées sur le tout puissant « Dieu Intérieur ».

Chapitre 7

Mettre en œuvre le plan de votre âme

Après que vous ayez regagné le contrôle de votre esprit grâce à une meilleure concentration, l'étape suivante c'est de chercher le contact de l'âme avec cette part du Grand Amon Ra qui est votre « Dieu intérieur ». Le but de votre vie dans la tourmente actuelle deviendra plus apparent. La plupart des porteurs de lumière savent en réalité qu'ils ont une mission à remplir mais beaucoup avancent dans la vie distraits et incapables de définir ce qu'est leur mission. Quand votre âme est capable de s'exprimer elle-même clairement à travers votre corps physique, vous marcherez à travers l'agitation connaissant votre raison d'être et la raison pour laquelle vous avez choisi de vous incarner dans cette période. Vous serez amené aussi aux ressources qui vous rendront capable d'accomplir votre mission.

S'accorder avec le plan de son Âme

Établir le contact avec votre âme est l'expérience qui apportera le plus grand changement de vie que vous entreprendrez dans cette incarnation. Cependant, le contact étroit avec votre âme exigera aussi des changements de votre vie physique et spirituelle auxquels vous pourriez résister ou que vous avez trop peur d'exécuter. C'est là où beaucoup de porteurs de lumière échouent. Ensuite à nouveau, vous pouvez être mûr pour le contact avec l'âme et vous réjouir des fruits de la sagesse qu'un tel contact peut apporter dans votre vie et être enclin a faire tout le nécessaire pour accomplir votre mission.

En tant que porteur de lumière vous vous êtes incarné durant cette période pour aider la transition mondiale vers le Nouvel Âge. Le rôle que vous jouez dans ce scénario entier fait partie d'un puzzle multi-pièces qui compose le projet divin pour la terre. Bien que vous et vos maîtres spirituels ayez élaboré votre projet individuel, quand vous vous êtes incarné sur terre, vous avez accompli cette mission complètement à l'aveugle. Votre travail c'était de vivre au travers des expériences que vous aviez planifiées et au bon moment lever le voile sur votre projet individuel et l'organiser en concert avec des milliers d'autres porteurs de lumière. Ensemble tous les plans individuels devraient s'alvéoler en nid d'abeille dans une région géographique particulière et servir le plan le plan général divin pour la terre.

« Cherchez et vous trouverez »

Si vous sentez profondément en vous que vous avez une mission d'être sur terre qui doit être remplie avant la fin de votre incarnation, alors vous devez lever le voile qui obscurcit votre projet individuel et le percevoir comme étant écrit dans votre âme. Il n'y a pas de chemin facile ni rapide pour accéder au projet de votre âme malgré les promesses de charlatans et voyants *new âge* qui prétendent pouvoir lire vos mémoires akashiques et même votre âme! L'unique chemin par lequel vous pouvez accéder à l'information de votre âme est de descendre profondément à l'intérieur de vous-même par la méditation jusqu'à ce que vous contactiez votre âme.

Dans certains cas, des initiés de la Hiérarchie Spirituelle peuvent révéler les premiers pas d'un plan d'âme à un individu pour des raisons stratégiques ou pour le guider à nouveau sur la bonne voie. Mais en général, le chercheur doit pratiquer l'adage biblique: « Cherchez et vous trouverez. » Le chercheur qui sincèrement creuse pour obtenir cette information, lui ou elle se disciplinant par la pratique de la méditation est sûr de devenir un disciple et un travailleur plus fiable pour la Hiérarchie Spirituelle. Ceux qui papillonnent de médiums en médiums, de professeurs en professeurs essayant de trouver quelqu'un qui définisse leur mission dans la vie, démontrent à la Hiérarchie Spirituelle combien peu fiables ils seront si un jour ils atteignent le stade de mettre en œuvre les projets de leur âme. Des expériences passées ont démontré que la majorité de ceux à qui il fut donné des indications au sujet de leur plan d'âme ne les ont jamais poursuivies jusqu'au bout, prétextant des soucis de la vie quotidienne au lieu de les intégrer complètement.

Méthode pour être en contact avec son âme

Nous réitérons pour vous la méthode de méditation par l'inspiration recommandée par la Hiérarchie Spirituelle et qui apparaît sur notre site web *www.sanctusgermanus.net* et dans le volume 2 des *Prophéties de Sanctus Germanus*. Elle vient de l'antique tradition du Raja Yoga et a résisté l'épreuve du temps.

La méthode de méditation par l'inspiration tente de mettre votre être physique conscient en contact avec votre âme qui réside dans la glande pinéale au centre de votre tête. La distance du corps extérieur à la glande pinéale est minuscule mais le voyage peut être laborieux et long et plein d'obstacles. Donc, dans les premiers stades, faire la méditation par l'inspiration doit être un acte de volonté consciente et de persévérance. Beaucoup abandonnent au début, mais la persévérance comme toute entreprise humaine portera finalement ses fruits. L'aventure et les surprises que vous aurez seront sans limites.

La méditation par l'inspiration

La méditation, quand elle est correctement comprise, c'est l'immobilisation du corps physique, généralement dans une position où la colonne vertébrale est droite et érigée, où vous êtes assis et non pas couché. Votre endroit de méditation devrait être assez confortable en ce qui concerne la température et quelque part où vous êtes censé ne pas être perturbé par d'autres. Une atmosphère spirituelle devrait être cultivée autour si c'est possible.

Quand vous vous asseyez pour méditer, vous devez ressentir que vous allez avoir une conversation avec votre Dieu, votre Soi Supérieur, et rien d'autre. Vous devriez approcher la méditation comme vous approchez l'autel de l'invocation - avec humilité, révérence, respect, grand amour et gratitude. Avec l'attitude, l'approche, et l'endroit appropriés, nous suggérons

Ch 7 Mettre en œuvre le plan de votre âme

la procédure de méditation suivante :

1. Asseyez-vous dans une posture confortable avec votre épine dorsale droite et érigée. Vous pouvez vous asseoir dans la traditionnelle position de méditation de yoga sur le sol ou tout droit sur une chaise confortable.

2. Invoquez la Flamme Violette de Protection ou lisez l'Invocation de Protection dans le chapitre précédent.

3. Commencez à respirer profondément et honorez le souffle qu'il vous appartient d'inspirer et d'expirer. Et avec chaque respiration, prenez conscience que l'on entre dans une lumière et une vie pures. Concentrez-vous sur l'inspiration et l'expiration du souffle.

4. Comme vous respirez profondément, concentrez-vous au début dans la région de la tête, le sommet de la tête en particulier. Soyez conscient de votre propre aura.

5. À ce moment, soyez conscient de votre colonne, le pilier central du temple de votre corps, cette charmante porte dimensionnelle vers l'espace intérieur. Concentrez-vous sur la colonne jusqu'à ce que vous soyez habitué au rythme du souffle, comme il entre, comme il sort et relâchez votre attention sur la respiration comme elle se poursuit par elle même à son propre rythme.

6. Concentrez votre attention sur la colonne vertébrale elle-même, maintenez votre attention là. Cherchez à la visualiser comme un

tube de pure lumière blanche.

7. Vous commencez à avoir le désir d'y entrer car il s'agit bien d'une entrée. C'est une ouverture dimensionnelle dans votre corps physique vers votre monde intérieur. Vous cherchez à pénétrer à l'intérieur. Vous devez avoir le désir d'entrer dedans, la volonté d'entrer dedans, à l'intérieur, à l'intérieur. Vous devez vouloir vous-même y rentrer, un peu comme quelqu'un qui pagaie à contrecourant, comme des saumons qui continuent obstinément de remonter le courant qui les rejette en arrière. Mais ils n'arrêtent pas. Utilisez votre volonté pour entrer à l'intérieur, entrer, entrer.

8. Dans chaque séance de méditation, à un certain point vous rencontrez un point d'appui, de repère pour ainsi dire. Vous le reconnaîtrez par pure expérience. Si vous pensez que vous ne pouvez pas aller plus loin, vous devriez continuer d'essayer toutefois jusqu'à ce que vous ne puisiez plus y arriver davantage. À ce point, arrêtez et simplement réjouissez-vous de l'environnement intérieur.

9. Cherchez à devenir conscient de l'atmosphère intérieure alors que votre respiration continue d'inspirer et d'expirer à son propre rythme.

10. Cherchez à vous connaître comme vous êtes, au-delà des pensées, sentiments, des sensations et certainement de vos corps physiques. Chaque séance sera une nouvelle aventure, et la continuité de votre voyage intérieur.

Ch 7 Mettre en œuvre le plan de votre âme

11. Cherchez à connaître la part de vous-même qui n'a jamais changé et ne changera jamais, la part de vous qui est éternelle. Cherchez à ressentir votre propre infinitude.

Cela peut apparaître comme une approche élémentaire un peu superficielle de la méditation mais nous vous assurons que si elle est suivie correctement, elle vous mènera à des découvertes intérieures comme celles que la plupart des gens veulent tant expérimenter mais ignorent comment y parvenir.

Méditation par l'inspiration dans un groupe établi

Nous avons déclaré dans le Volume 2 que la méditation guidée[29] est une forme de manipulation peu importe la qualité des intentions de la personne qui la dirige. Cela peut mener à la dépendance envers un enregistrement ou une personne et donc ne favorise pas la volonté consciente et la discipline adéquate pour s'asseoir et méditer. La méditation est essentiellement une action individuelle. Donc pratiquez la méditation plutôt vous même que dans une circonstance guidée ou avec l'aide de voyants ou de médiums.

Si la méditation par l'inspiration est faite dans le cadre d'un groupe, laissez le silence régner de telle manière que chaque personne puisse méditer selon ses capacités. Ne laissez personne guider votre méditation. À nouveau, ceci est un voyage individuel et personne ne connaît mieux votre âme que vous, car c'est votre moi réel.

---

[29] Une personne dirigeant oralement la méditation.

Si la méditation par l'inspiration est combinée avec une pensée semence, laissons chacun méditer sur la pensée une fois que l'entrée dans son propre monde est réalisée. Quelle que soit la perspective éclairée que votre méditation produit concernant cette pensée semence, elle peut alors être transférée à la conscience de masse où elle sera partagée avec ceux qui sont ouverts à des pareilles pensées. Dans cette voie, les résultats de votre pensée peuvent être partagés dans un groupe.

Lumière dans la tête

Quand vous percevez une légère lumière dans votre tête même quand vos yeux sont fermés dans une pièce sombre, vous avez atteint le royaume de votre prélat intérieur, votre âme. Cette douce lumière deviendra plus brillante à mesure que votre âme sera autorisée à une totale libération d'expression à travers votre corps physique. C'est l'essence de la libération de l'âme.

Développer le Discernement

Développer le discernement est le l'aboutissement majeur de la méditation. S'il y a trop d'aspiration et de désir pour le contact avec l'âme, les entités astrales se faisant passer pour des guides ou des Maître, sauteront sur l'occasion et vous tromperont. Cela peut survenir au début de votre expérience de méditation au moment où vous vous ajustez avec la méthode de méditation par inspiration, une des phases les plus ardues menant au contact avec votre âme. Ignorez ces voix et continuez votre voyage intérieur. Vous apprendrez à marcher sur la ligne étroite du discernement et à mieux distinguer entre le faux et le vrai à travers l'expérience.

Votre voyage à l'intérieur de votre monde intérieur est très comparable au fait de descendre une rue très animée. Autoriseriez-vous le premier étranger à venir vers vous et à vous conseiller sur des sujets personnels? Dans votre voyage à travers votre corps astral ou émotionnel, vous pourrez avoir contact avec une foule d'entités se disputant votre attention. Bavardages, voix, conseils sans importance n'amenant rien de neuf - toutes ces choses sont des signes de communication avec la dimension située juste au dessus de la frontière appelée mort. Juste parce qu'elles sont invisibles ne signifient pas qu'elles sont spirituelles. Elles sont juste composées d'une matière vibratoire légèrement supérieure. Agissez exactement comme vous le feriez sur terre, ne les écoutez pas et continuez votre respiration jusqu'à ce qu'elle vous introduise au cœur de votre monde intérieur où vous serez à l'abri des influences étrangères.

De plus, le Maître Kuthumi suggère que cela peut être votre propre être qui pose les obstacles et offre ses conseils pendant votre voyage intérieur.

...(Q)uand tu entres dans le cœur du silence - où tu fais communion avec ton Dieu-Soi,...sois extrêmement sage, alerte, et attentif à la réponse que tu recevras avant tout de ton propre corps parce que vous êtes un mécanisme complexe - un être composé de sept enveloppes. Maintenant, alors que la gloire de ... votre Corps Causal et votre Soi Christique Sacré ne peuvent jamais vous égarer - vos corps inférieurs ont voix, conscience et intelligence de par eux-mêmes - et ces voix, cette conscience et cette intelligence à l'intérieur d'eux s'efforcent souvent à servir leurs propres fins à travers vous.

...Toujours savoir que les incitations qui établissent la personnalité, ce qui confère de l'accroissement à l'ego humain, ce n'est pas la « Petite Voix Tranquille » de la Présence, mais plutôt les grondements éthériques de vos expériences passées, les désirs émotionnels de votre monde de sensations, ou les concepts et préceptes mentaux de vos vies passées.

...Comme vous procédez dans une compréhension de La Voix du Silence, savoir que ce qui vous rend humble, vous rend aimant, et ce qui vous rend harmonieux est de Dieu. Les sentiments qui vous remuent le cœur à l'intérieur, qui désirent faire de cette étoile une planète de lumière, pour soulager le fardeau de vos prochains, pour relever ceux qui sont dans la peine et la détresse - c'est de la Lumière. Ce qui décroit la personnalité et accroit le pouvoir du Christ - c'est de Dieu [30]

Étudier la Sagesse Ancienne peut vous aider à discerner l'essentiel de ce qui vous est transmis. Des interlocuteurs expérimentés et entraînés comme Bouddha Gautama, Jésus, St. Germain, et d'innombrables avatars ont porté en avant la Sagesse Antique. Ce sont les vrais enseignements ésotériques de la Fraternité de Lumière.

Vous tremper profondément dans la Sagesse

---

[30] Prinz, Thomas ed. (Maître Morya) *Le Premier Rayon,* Les Enseignements de la Fondation des Maîtres Ascensionnés, Mont Shasta, Californie : 1986, pp 103-104

séculaire vous aidera à gagner un sens de la qualité et du genre de communication en provenance de la Fraternité de Lumière et vous aidera à les distinguer de celles venant des entités astrales et des actuels faux enseignements et sophismes. Ce dernier est rempli de doux propos pour vous attirer sous son influence et généralement celles des d'informations répétées véhiculées largement sur l'internet et fondamentalement vides. Donc la perspicacité se développant dans ce cas, apprend essentiellement la différence entre des voix astrales et les impulsions et intuitions de l'âme.

Beaucoup de porteurs de lumière signalent des difficultés en pratiquant la méditation par l'inspiration ou par toute méditation de cette importance. Nous n'offrons aucune consolation mais nous conseillons la persévérance. Il est vrai que la méditation demande un constant effort pour ouvrir le chemin vers votre monde intérieur. Cela peut être fait seulement si vous avez pris la décision consciente de le faire, suivie alors par une méditation persistante de chaque jour jusqu'à ce que le contact avec l'âme ait été obtenu. Ces moments difficiles appellent à la persévérance et à la discipline plutôt qu'au dorlotage.

De plus, votre persévérance confirme un engagement à votre mission sur terre.

La Voie menant à ce que l'Âme se déploie

Votre plan d'âme est révélé pas à pas et jamais tout en même temps. Une fois que vous avez accompli le premier pas, vous aurez d'abord à effectuer le pas suivant avant que plus ne vous soit révélé - cela pour tester votre engagement et votre sincérité à suivre jusqu'au bout les impulsions d'âme que vous recevez. Une Voie chargée d'obstacles et de défis vous attend, mais les récompenses sont tellement plus grandes.

Comment distinguer entre les impulsions astrales et les élans de l'âme

Dans la dernière partie du livre bien connu, *L'Initié,* par Cyril Scott, il y a une allégorie de la voie de l'initié et des obstacles et tentations qui apparaissent le long de son chemin pour l'empêcher d'accomplir sa quête d'initié. Aujourd'hui la voie pour le déploiement de l'âme implique non seulement des rencontres physiques mais aussi des rencontres désincarnées.

Sur votre sentier pour exécuter votre plan d'âme, vous rencontrerez beaucoup de situations qui peuvent vous écarter du sujet ou vous tromper. Des entités astrales se faisant passer pour des maîtres ou des êtres angéliques vous apparaîtront employant des termes spirituels familiers qui font appel aux bonnes intentions des porteurs de lumière telles que la guérison, aider les autres, ou les plans grandioses de salut du monde. Ces termes, bien entendu, jouent sur les tendances naturelles du porteur de lumière mais peuvent aussi être employés pour vous duper et la plupart du temps vous ruiner à la fois moralement et financièrement.

Des actions précipitées et urgentes sont un signe d'activités astralement inspirées qui peuvent mener à des actions sans but qui de manière répétée, harcèlent les gens dans des directions différentes, hors de la voie. En contraste, les élans de l'âme sont calmes, délibérés et viennent de la connaissance.

Une porteuse de lumière prend la décision de vendre sa maison juste avant l'effondrement du marché immobilier et réalise un bon profit. Ses « guides » la poussent d'urgence à acquérir une autre maison dans un autre état et à investir dans l'acquisition d'un bout de désert qui soi-disant devrait servir de portique dimensionnel pour le centre de guérison qu'elle a toujours rêvé de créer.

D'un point de vue pratique, cette guidance était désastreuse. L'état dans lequel elle choisit d'acquérir sa nouvelle maison se révéla être un des états le plus touché durant le déclin économique. En dedans d'une année, la valeur de sa nouvelle maison chuta de la moitié et son nouvel emprunt-logement dépassa vite la valeur de la maison. Elle est maintenant ruinée, et la propriété qui devait devenir le centre de guérison a été saisi. Ceci est un exemple de la manière dont les guides douteux du plan astral peuvent mal conduire et ruiner les porteurs de lumière. C'est aussi de la part du porteur de lumière, un exemple de manque de discernement sinon de capacité à distinguer entre bonnes et mauvaises informations venant des guides désincarnés.

Le renvoi de faux guides désincarnés peut aussi poser un problème. D'une part, ils ne vont probablement pas partir volontairement mais pourraient se métamorphoser en d'autres identités vous offrant l'aide requise contre celui-là même que vous êtes en train d'écarter. Si vous acceptez leur assistance, vous serez doublement enchevêtré dans leur réseau de supercherie. Prenez garde à ces renards en habits de mouton vous offrant leur assistance. D'un autre côté, le porteur de lumière peut ne pas vouloir lâcher les guides désincarnés, même si leurs guidances sont erronées. Certains de ces guides ont rodé autour de la personne pendant des années fournissant ensemble de bonnes et de fausses informations, entretenant l'ego de la personne et même apportant « l'amitié » à un cœur solitaire. Puisqu'ils savent mieux voir dans le futur, ils savent comment vous tendre un piège pour vous achever au juste moment. Dans l'affaire ci-dessus, le guide astral pourrait avoir vu la crise de l'immobilier apparaissant et y avoir conduit notre porteur de lumière droit dedans.

Dans un autre cas, un médium conseilla un autre porteur de lumière qu'il devrait acheter immédiatement une maison dans un état voisin, s'il voulait accomplir sa mission spirituelle. Guidé par une liste sur internet, tant le médium que le porteur de lumière se ruèrent sur le site pour découvrir une maison délabrée qui avait besoin de milliers de dollars de réparation et était hantée, pour démarrer! Le médium tenta désespérément de récupérer sa crédibilité en se précipitant chez un courtier voisin pour trouver une propriété dans la même ville. « C'est la bonne », il déclara en pointant une autre liste, « elle a un meilleur portique dimensionnel. Il descend droit de la cheminée entièrement jusqu'au sous-sol. Il devrait être parfait pour votre mission de guérison ». Heureusement pour cette fois, le porteur de lumière se réveilla et déclara l'épisode entier de chasse à la maison et le médium lui-même comme relevant d'une totale fumisterie.

Mettre en œuvre un élan de l'âme ou une guidance dans la ruée devrait faire lever des drapeaux rouges. La précipitation ou l'urgence est

Ch 7 Mettre en œuvre le plan de votre âme

conçue pour nier toute réflexion rationnelle et logique, et vous plonge dans une voie qui vous virera hors de la piste, et au bout du compte vous ruinera ou vous handicapera.

Comme nous l'avons mentionné ci-dessus, votre mission d'âme ne vous est jamais révélée en entier mais par fragments, principalement parce que vous pourriez devenir débordé pour l'accomplir ou réaliser l'autre voie, parce que certains changements fondamentaux dans votre vie sont exigés. Chaque étape teste votre engagement et votre fiabilité à votre plan et chaque étape est rencontrée avec les ressources adéquates pour la réaliser. Ceci est important, parce que trop de porteurs de lumière disent qu'ils veulent effectuer cela comme faisant partie de leur plan mais ils n'ont pas l'argent pour le faire. L'expérience a démontré que si les ressources ne sont pas disponibles, alors peut-être vous n'êtes pas sur la bonne voie pour réaliser votre plan d'âme. À ce point, vous devriez arrêter et examiner honnêtement ce que vous faites. Avez-vous transformé votre chemin en une entreprise lucrative? Votre motivation est-elle le service divin ou juste vous promouvoir vous-même? Votre apparente modestie est-elle la façade de plus grandes ambitions pour devenir célèbre ou encore un autre gourou?

Méditez et cherchez plus de conseils de votre âme car c'est là où votre plan est. Essayez une autre voie qui accomplirait le même objectif. Sachez seulement que beaucoup de chemins mènent à Rome et qu'il n'y a pas qu'une manière d'accomplir un objectif de plan d'âme.

Ceci aborde un autre sujet important et c'est le libre arbitre. Le plan d'âme suggère des objectifs et vous donne l'option de choisir comment vous devez les accomplir. Il ne dit jamais « Achète cette propriété pour ce prix ou obtient ce financement. » Vous opérez sur le plan terrestre et avec un peu de chance, les expériences de votre vie vous ont appris comment négocier votre chemin à travers la vie dans la matière dense. La Hiérarchie Spirituelle a besoin de travailleurs qui savent prendre des décisions pratiques sur le plan terrestre, autrement de quel usage leur êtes-vous, étant sur terre leurs bras et leurs pieds? Vous devez pratiquer le sens commun et employer des principes d'affaire sensés pour mener votre barque à travers cette illusion (maya). Vous précipiter, comme nous le disions est la meilleure tactique pour vous faire dérailler. Donc prenez votre temps et évaluez votre prochaine étape selon des pratiques d'affaire sensées et rationnelles.

Des « Guides » incitèrent un porteur de lumière à établir un magasin d'ésotérisme dans une ville touristique. Mais au lieu de situer la boutique dans un centre achalandé que lui permettrait une circulation piétonnière suffisante et une belle exposition au public, il fut « guidé » à acquérir un espace commercial dans un endroit isolé à la périphérie du centre ville. Il ajouta qu'il avait été divinement guidé là. Mais d'un point de vue logique et commercial, cet endroit n'avait pas de sens. En conséquence, la librairie est en faillite et de précieuses ressources pour la communauté spirituelle sont perdues.

Ainsi comment savez-vous que vous recevez une impulsion d'âme, par opposition avec une

Ch 7 Mettre en œuvre le plan de votre âme

astrale? Une impulsion d'âme authentique est non-émotionnelle. Elle ne doit pas impliquer des pleurs de joie ou de l'adoration. C'est une connaissance profonde qui est la conséquence logique d'où vous êtes venus dans la vie. Si vous avez été formé comme avocat par exemple, il est improbable que votre appel d'âme vous conduise à devenir un mécanicien auto et vice versa. Néanmoins, votre appel peut exiger un changement dans votre style de vie, ou votre adresse, mais le savoir profond vous permet d'aller de l'avant dans la bonne direction. Là ou il n'y a pas de précipitation ni d'urgence, il y a normalement le temps de réfléchir et de planifier correctement l'étape suivante. En outre, les ressources seront rendues disponibles pour que vous puissiez accomplir l'étape suivante à condition que vous ayez fait le premier pas.

Dures décisions

Le contact avec votre âme vous incitera à agir avec suffisamment de temps pour vous préparer. Parfois cela peut signifier perturber votre vie actuelle, même vous déraciner de votre famille autant que de leurs objections. Un porteur de lumière se plaignant que bien qu'il aie ressenti une forte envie de se déplacer vers les Régions Spirituelles, il ne pouvait pas bouger parce qu'il devait quitter ses amis et voisins, et que les enfants devraient changer d'école.

Une autre porteuse de lumière est tout à fait claire avec l'idée qu'elle doit se déplacer d'un secteur côtier de faible altitude. Mais son mari pense que déménager en se fondant sur des incitations de l'âme est ridicule, surtout sachant qu'il n'y a pas de perspectives d'emploi où ils voudraient déménager, sans compter qu'ils ont tous les deux des emplois bien rémunérés où ils sont à présent.

C'est une dure décision. Elle doit décider pour elle-même ce qui est le plus important dans cette vie : sa mission d'âme ou le raisonnement de son mari. Si elle suit l'élan de son âme, elle devrait déménager en premier, le reste du plan devrait se dérouler ensuite. Mais si tout doit être tracé pour eux - un travail assuré, une jolie maison, de bonnes écoles pour les enfants, etc. - tout garantit, ils ne bougeront jamais. Ce n'est pas ainsi que la Hiérarchie Spirituelle travaille. La Hiérarchie Spirituelle veut connaître et mesurer la sincérité et la fiabilité de votre engagement à poursuivre en premier et jusqu'au bout votre mission. Donc, rien ne se passera sans faire le premier pas.

Une fois que vous faites le premier pas, vous serez assez surpris de voir comment les choses se déploient conformément à votre plan d'âme. Mais le premier pas est un grand saut de confiance que beaucoup de porteurs de lumière sont incapables de faire. Le résultat, c'est un désarroi mental et des contradictions jusqu'à ce que cela devienne de la frustration et aboutisse finalement à une situation explosive où une décision doit être prise. Aller contre votre plan d'âme peut aussi conduire quelqu'un à la dépression et en fin de compte à des comportements déments parce que vous êtes essentiellement déchiré entre des directions opposées. Les guerres de la personnalité contre l'esprit, ou pour mettre cela en anciens termes bibliques, les guerres de l'esprit contre la chair. Soit vous réglez ce problème en prenant une décision ferme et vous vivez avec les conséquences, soit

Ch 7 Mettre en œuvre le plan de votre âme

vous combattez la contradiction à l'intérieur de vous-même jusqu'à ce que vous soyez forcé à prendre une décision afin de maintenir votre équilibre mental.

Ce problème révèle une idée fondamentalement fausse chez certains porteurs de lumière. Leurs missions originales ont été mises en veilleuse pendant que leurs vies mortelles sont devenues si importantes qu'ils en oublient ou refusent d'admettre ce qu'ils sont venus faire ici pour la Hiérarchie Spirituelle. En d'autres mots, risquer que les deux voitures, la piscine et l'agréable vie matérielle deviennent plus important qu'aider l'humanité dans sa transition vers le Nouvel Âge. Une fois qu'ils finissent cette incarnation ils retourneront pour faire face à la musique: « Mission Non-Accomplie ».

Une autre porteuse de lumière reçut aussi l'impulsion de déménager d'une zone côtière de faible altitude. Quand un récent ouragan dévasta une partie de la ville, elle considéra cela comme un rappel brutal et la confirmation que son impulsion d'âme était correcte. Mais son mari a un commerce en ville, donc elle ne veut pas déménager. Pourtant elle a décidé néanmoins qu'elle déménagerait vers une des Régions Spirituelles, même si elle doit le faire toute seule et elle a annoncé ses intentions à son entourage. C'est le genre de dure décision que le porteur de lumière doit prendre, car ce qui se présente devant nous, dans cette transition ne sera pas une partie de pique-nique.

En maintenant ses intentions de mener à bien ses plans d'âme, les choses se sont miraculeusement déployées. Son mari vendit son entreprise troublée et d'autres avoirs qui les auraient attachés à leur actuel emplacement, et maintenant ils sont libres de déménager.

La résistance aux plans d'âme de beaucoup de porteurs de lumière vient avec plus de véhémence des membres les plus proches de leur famille, principalement des conjoints. Tout naturellement, le bien-être de leurs familles pèse le plus fortement sur leurs décisions, même au détriment de leurs plans d'âme. C'est pourquoi cela demande force et courage pour se déplacer dans la direction de son âme, même si cela va à l'encontre du dénominateur commun; c'est à dire, vos préoccupations familiales.

Nombreuses seront les raisons pour abandonner votre plan d'âme et elles se ramènent pour la plupart à accorder trop d'importance à votre vie périssable sur ce plan terrestre plutôt qu'à accomplir la mission plus importante pour laquelle vous avez été envoyé ici. Cela demande du cran et du courage pour rompre ces obstacles et accomplir sa mission.

La plupart des porteurs de lumière qui ont pris les dures décisions et qui ont poursuivi leurs missions avancent fermement et silencieusement sans recours à la publicité et aux promesses de célébrité. D'autres ont commercialisé par erreur leurs missions dans des projets lucratifs, fournissant le divertissement pour les non-engagés hésitants qui vont d'un pas léger de lieu en lieu à la recherche d'une voie de sortie plus facile, plutôt qu'un plein engagement à servir. Cette recherche des non-engagés, les indécis légendaires, a fourni du matériel prêt pour des projets « spirituels » sans scrupules, des thérapies, du coaching de vie, des solutions miracles, des séminaires accélérés et des ateliers pour l'éveil. C'est le proverbial adage « un aveugle conduisant des aveugles » et cela évoque l'idée que les vendeurs du temple sont revenus pour profiter de la situation.

Mettre en application votre plan d'âme étape par étape et savoir que vous êtes dirigé dans la bonne direction, c'est probablement l'activité la plus épanouissante que vous n'entreprendrez jamais dans cette incarnation car c'est la raison principale de votre présence ici. Vous vous sentirez heureux et satisfait, et toutes les ressources dont vous avez besoin pour remplir votre mission viendront dans votre vie. Il est simplement logique que lorsque vous avez rédigé votre plan de mission avant cette incarnation, vous y ayez aussi inscrit les ressources que vous devriez avoir besoin pour exécuter ce plan. Auriez-vous rédigé un projet qui vous aurait laissé à sec sans ressources ?

En effet, comme pour toutes les merveilleuses entreprises qui ont lieu dans la dualité sur le plan terrestre, il y aura toujours des obstacles sur la voie. Le fait de juste les surmonter forge encore plus le caractère et l'engagement.

Quelques conseils aux jeunes adultes sur le mariage

L'expérience a démontré que l'un des principaux obstacles pour poursuivre la Voie de votre mission est un conjoint qui n'est pas en accord avec vos préoccupations spirituelles. Si vous découvrez votre mission après avoir fondé une famille, votre conjoint peut être votre principale opposition à n'importe quel changement apporté au statu quo. Son opposition peut être véhémente, moqueuse ou silencieusement mortelle. Dans certaines situations, les deux conjoints peuvent en venir à un accord pour que l'un ne s'oppose pas extérieurement à l'autre. Cela pourrait être caractérisé comme une opposition silencieuse. En tout cas, le porteur de lumière est placé dans une situation presque intolérable, étant déchiré dans des directions opposées ou étant tenu à effectuer sa mission en secret, du mieux qu'il peut. Certains porteurs de lumière ont même quitté leurs conjoints et familles pour accomplir leurs missions.

Notre conseil aux jeunes porteurs de lumière qui envisagent le mariage est de définir en premier, du mieux qu'ils peuvent, leur mission sur terre avant de se marier. Un jeune homme s'est écrié, « J'ai une belle petite amie, un bon travail, un appartement agréable et j'estime toujours que quelque chose manque! Qu'est-ce qui ne va pas? » Arrivé à ce point, il est temps de savoir où vous en êtes dans l'accomplissement de votre divine mission. Mais c'est aussi le temps pour NE PAS se marier.

Une fois que votre mission devient plus claire dans votre esprit conscient et que vous avez franchi les tests et les épreuves, par la loi de l'Attraction vous devriez commencer à rencontrer des personnes de votre genre et pourriez même rencontrer sur le sentier ce partenaire adéquat qui non seulement comprend votre mission mais l'enrichit.

L'ancien Maître égyptien Sérapis Bey propose ce conseil :

Ch 7 Mettre en œuvre le plan de votre âme

Sachez, Oh mon Frère, que quand un véritable amour cherche à se consolider doublement par une union pure et permanente des deux, dans son sens terrestre, il ne commet aucun crime aux yeux de la Grande Ain-Soph, car c'est la divine répétition des principes mâle et femelle -- le microcosmique reflet du premier état de la création. D'une telle union, les anges peuvent bien sourire! Mais ils sont rares, mon Frère, et peuvent seulement être créés sous la supervision aimante et sage de la Loge, pour que les fils et les filles d'argile ne puissent pas être complètement dégénérés, et que l'Amour Divin des habitants des Hautes Sphères envers les filles d'Adam soit répété. Mais même comme tels, ils doivent souffrir avant d'être récompensés. L'Atma de l'homme doit rester pur et aussi hautement spirituel pendant qu'il est uni avec le corps matériel; pourquoi deux âmes logées dans deux corps ne pourraient-elles pas rester intactes et pures, en dépit de l'union terrestre passagère de ces deux derniers.[31]

Aussi longtemps que vous ne serez pas sur la bonne voie, le sens de votre mission vous tracassera durant votre vie entière. Et si vous vous êtes déjà engagé vis à vis un conjoint ou des enfants, vous devrez remplir vos obligations envers eux comme promis. Vous aurez soit à compromettre votre temps et vos efforts pour cette mission (et donc vous avérer moins fiable) ou vous pourriez avoir à sortir de cette incarnation sans avoir rempli votre

---

[31] Tiré de la lettre 19 datée de 1875 du Maître Sérapis Bey à Henry Steel Olcott extraite de *L'histoire des lettres des Mahatmas* par C. Jinarajadasa, la maison d'édition Théosophique: Adyar, Madras 1977.

mission. Si votre appel est tellement fort, alors vous devez trouver une conjoncture avec votre conjoint qui vous autorise à accomplir votre mission et à tenir vos obligations envers votre famille. Malheureusement, il y a peu d'options, de choix entre les deux; accomplir ou ne pas accomplir votre mission, tout comme la Hiérarchie Spirituelle n'accepte pas de compromis sur la qualité et l'engagement de ses porteurs de lumière.

Partenariats avec d'Autres

S'associer avec d'autres qui ne sont pas sur la Voie pour mettre en œuvre votre plan d'âme peut occasionner d'innombrables problèmes. Les différences les plus évidentes concernent les morales de base et votre besoin de compromettre vos principes. Juste parce que quelqu'un est psychiquement enclin, ne veut pas dire qu'il ou elle est sur la Voie. Le pire type de partenaire serait celui qui est mené par le bout du nez par des « guides » astraux se déguisant en êtres supérieurs. Dans cette situation, vous avez la trame des sabotages au travers d'informations trompeuses, de mauvaises décisions, d'agendas cachés, de trahisons renversantes, de paresse et aussi par une foule d'autres questions de morale élémentaire.

Mariage et opposition conjugale

Dans la partie qui précède, nous avons couvert cette situation comme elle s'applique à de jeunes adultes avant qu'ils ne se marient. Mais, qu'en est-il si vous êtes une « floraison tardive » et tard dans votre mariage vous découvrez que votre mission spirituelle vous met en opposition directe avec votre conjoint et les obligations que vous avez envers votre famille ? C'est une question assez épineuse et une situation dans laquelle se retrouvent beaucoup de porteurs de lumière aujourd'hui.

Un conjoint compréhensif qui est suffisamment ouvert d'esprit pour ne pas s'opposer à votre mission et ne présente aucune opposition apparente serait l'idéal. C'est possible mais assez rare comme l'estime Maître Sérapis. Et vous ne pouvez jamais forcer votre conjoint de croire en ce que vous tenez pour vrai, et inversement.

Il y a aussi des porteurs de lumière qui secrètement travaillent à leur mission sans que leurs conjoints le sachent. Ceux qui sont piégés dans des mariages qui ne les autorisent pas à s'exprimer extérieurement et à accomplir leurs missions doivent évidement transiger ou justifier leur situation en faisant des petites choses acceptables qui leur font penser qu'ils sont sur la voie. Quoi qu'il en soit, une telle situation n'est pas dans l'esprit de la libération de l'âme qui est dans ce cas, emprisonnée par le mariage et finira par exploser.

Chez d'autres, l'appel est tellement fort qu'ils ne peuvent compromettre leur mission plus longtemps, et ils prennent la mesure très brutale de se séparer du mariage pour la remplir.

Cela se ramène à devoir choisir ce qui est important pour vous. Il n'y a pas de bon ou de mauvais chemin. Vous vivez et vous vous ajustez à n'importe quelle décision prise, et vous affronterez les conséquences sur ce plan terrestre ou dans les dimensions supérieures quand vous sortirez.

Argent et sécurité

La question de l'argent et de la sécurité reste de la plus haute importance dans l'esprit de beaucoup de porteurs de lumière. C'est compréhensible dans le monde dans lequel nous vivons et un porteur de lumière prédisposé à la pauvreté peut à peine remplir son ou sa mission adéquatement s'il est excessivement inquiété par le manque d'argent. Certains porteurs de lumière ont résolu ce problème en gagnant suffisamment à travers leurs emplois réguliers, leurs occupations ou leurs placements pour être capables de consacrer leur temps au service divin, car le service divin doit être donné librement et généreusement. Quelques-uns, pour des raisons karmiques ne peuvent pas trouver la liberté financière comme ils le souhaiteraient et donc doivent ajuster la mise en application de leur âme à ce qu'ils sont capables de faire. Le Maître Morya déclare :

> Chacun d'entre vous souffre aujourd'hui d'un tel karma obligatoire. Ceux d'entre vous qui n'ont pas de liberté financière, avaient un jour des richesses à incorporer dans le plan de Dieu et les retenaient ou l'employaient librement pour des plaisirs personnels..... Maintenant quand vous servirez, il n'y aura ni paix ni direction que vous estimez indispensable à votre réussite. Aucun ne pourra s'écrier qu'ils « pourraient s'ils pouvaient ». Pardonnez-vous, chacun pour les limitations qui fontde vous des instruments moins flexibles dans Nos mains maintenant que votre cœur désire servir![32]

---

[32] El Morya (Thomas Printz éd.), *Le Premier Rayon,* Fondation de l'enseignement des Maîtres Ascensionnés, Mont Shasta, Californie:1986, p. 78.

Ch 7 Mettre en œuvre le plan de votre âme

Tentation de commercialiser votre Plan d'Âme

Quelques porteurs de lumière se font des illusions en pensant que dans le cadre de leur service à l'humanité, ils peuvent facturer des honoraires ou en faire profession. Tant au service de la Hiérarchie Spirituelle, vous ne devriez pas vous attendre à vous enrichir puisque cela contredit la notion de service divin désintéressé. Considérez-vous votre travail pour la fraternité comme un travail? Êtes-vous en train de chercher un emploi ou de l'argent, à travers le service divin?

Les commerces et entreprises du Nouvel Âge justifient souvent leurs honoraires parfois exorbitants comme une compensation pour rééquilibrer les énergies qu'ils dépensent, c'est à dire du tac au tac. Cela a conduit certains à proposer des services comme « Maîtres » d'une thérapie particulière avec frais de scolarité pour une semaine de cours de formation. Ce n'est pas du service mais un aveugle conduisant les aveugles et une arnaque Nouvel Âge.

En fait, couvrir les dépenses qui sont contractées pour fournir un service est une chose mais profiter financièrement d'un tel service est hautement discutable. Est-ce que cela ne contredit pas la notion même de service désintéressé?

Le Maître Morya conseille les adeptes sur cette question discutable :

> Le principe de vie veut que quand un individu se dévoue lui-même pour devenir un

Enseignant de la Loi, si sa motivation est de répandre la lumière, et de ne pas en faire un métier, Nous enveloppons immédiatement un tel en Notre protection et notre guidance. Nous voudrions que de tels cœurs sincères aient l'opportunité de se déployer dans un lieu de beauté...et un jour ce sera.[33]

L'implication ici c'est que les Maîtres protègeront et guideront ceux qui dédieront leurs vies au service plutôt que d'en faire un métier. Quand l'argent est le mobile caché, et nous pourrions ajouter la promotion de soi, il y a une tendance à mettre en péril vos valeurs. Vous vous trouvez générant des activités, proposant des consultations, offrant des thérapies, enseignant des classes pour produire plus de fonds pour payer les factures, plutôt que dans l'esprit d'un service désintéressé. Si le service est offert avec un cœur sincère et des motivations pures alors les ressources et l'argent couleront vers vous de multiples manières imprévisibles.

Le retour des vendeurs du temple

La Bible raconte le saccage de Jésus à travers le temple pour expulser les changeurs de monnaie. Durant cette période d'accélération, les échangeurs de monnaie sont revenus de pleine force. Des projets vantant les mérites de la connaissance secrète de certaines lois cosmiques (qui sont connues de l'humanité depuis des temps immémoriaux) ont été conditionnés et commercialisés pour complaire des besoins et vouloirs égoïstes. Les organisateurs emploient des

---

[33] Ibid, p. 34.

techniques de grande diffusion proches de l'hystérie évangélique pour entraîner les gens dans des séminaires coûteux, des séjours organisés en station thermale, des croisières exclusives et des conférences de masse dont toutes sont formulées pour « aider son prochain » ou plus honnêtement pour pouvoir s'enrichir. Des célébrités médiatiques utilisent de leur influence pour approuver ces combines, donc amplifient le nombre exposé à ces manœuvres. Les dupes sont souvent laissées avec des dettes de carte de crédit au-delà de leur capacité de rembourser, ou ils deviennent cyniques et déçus envers la loi cosmique qui n'a pas fonctionné pour satisfaire leurs désirs égoïstes.

Les pourvoyeurs de « se sentir bien » remplissent les pages des publications Nouvel Âge dans tous les pays autour du monde. Des thérapies de massage, des vitamines et des compléments naturels, des nettoyages de chakras, la thérapie reiki, les clubs de remise en forme, des améliorations d'ADN, de l'énergie divine pour prouesses sexuelles accrues, des contacts ET pour des performances supra-humaines, des séminaires de développement psychique et la dernière thérapie du mois...tout indique le cirque des changeurs qui sont de retour dans le temple! Tout ceci revient à payer quelqu'un pour vous faire quelque chose qui vous fasse vous sentir mieux.

Une leçon principale que nous pouvons apprendre de la vague « se sentir bien » c'est qu'il y a encore une autre stratégie des Forces des Ténèbres pour tenter le corps émotionnel que l'accélération agite, en particulier parmi les porteurs de lumière et les autres individus à l'énergie sensible. À travers ces projets lucratifs, l'agitation est seulement provisoirement calmée et les gens payent beaucoup pour ce sursis temporaire. Très souvent le porteur ou la porteuse de lumière est détourné de la voie de mise en application de son plan d'âme, parce que nombre de ces projets sont formulés en termes spirituels. De nombreux porteurs de lumière ont été parmi ces dupes, et doivent trouver leur chemin de retour vers la Voie du service désintéressé.

Ceux ciblés ou abusés sont bien les mêmes incarnations qui avaient l'intention de combattre les Forces des Ténèbres plutôt que d'en devenir les victimes. Ainsi, tant que la guerre entre la Lumière et l'obscurité continue, ceux qui sont tombés, victime de ces combines doivent se relever d'eux-mêmes et réévaluer leurs mobiles avant de rejoindre les Forces de la lumière. Être arrêté au passage de telle manière, peut seulement affaiblir l'effort de créer suffisamment de lumière pour combattre les Forces des Ténèbres, mais pour celui qui a été sévèrement testé par ces procédés, cela devrait heureusement lui permettre de devenir un porteur de lumière solide.

Intrusion Extra-Terrestre

Une autre tactique étant employée pour diriger les porteurs de lumière hors de la voie est l'apparition de fédérations extraterrestres promettant de l'aide à l'humanité durant ces temps de confusion. Le porteur de lumière est souvent nommé à un grade militaire de haut rang comme général, colonel (tous des chefs et pas d'indiens) qui conduira une guerre inter galactique contre les Forces des Ténèbres. Ils promettent d'améliorer l'ADN de chacun, pour donner au peuple le pouvoir durant ces temps de désarroi. Cela peut faire un excellent scénario pour « La guerre des étoiles », mais quand nous regardons attentivement ce que cette tactique tente d'accomplir, nous réalisons que c'est une tentative de porter un coup contre la Hiérarchie Spirituelle de la terre en violation de la loi cosmique.

Utilisant le prestige de l'importance personnelle et du rang, les porteurs de lumière sont menacés de l'influence de ceux qui n'appartiennent pas à la terre et par conséquent ne devraient pas savoir comment résoudre les problèmes sur terre. Ceux qui nous conduisent vers le Nouvel Âge sur terre doivent être les éprouvés et les vrais de l'expérience terrestre, et non pas d'extraterrestres d'autres planètes ou systèmes solaires qui promettent une solution du genre « baguette magique » pour des problèmes terrestres!

Chamanisme et pratiques inspirées de la Lémurie

Le chamanisme et les pratiques inspirées de la Lémurie comme le ho'oponopono, tambourinement (une sorte d'hypnose) et transe de guérison sont des anciennes pratiques de la Troisième Race Racine et ne sont plus applicables aux incarnations de la Cinquième Race et de la Sixième Race montante. L'actuelle fascination envers ces pratiques est tout ce qu'il y a de plus surprenant dans le fait qu'elles semblent avoir été ressuscitées malgré que l'humanité ait évolué à travers les millénaires de la Quatrième Race (les Atlantes). Sommes-nous sur le point de croire que ces anciennes pratiques d'une évolution de l'humanité dépassée, datant d'il y a des millions d'années nous conduiront jusqu'au Nouvel Âge? Si cela était vrai, qu'est-ce que cela dit à propos du processus d'évolution?

Il n'y a pas de cités lémuriennes souterraines connectées avec le Maître St Germain et enterrées dans les montagnes comme l'imaginent certains. Ce sont de pures inventions astrales que des coquilles astrales rescapées de survivances lémuriennes projettent sur des voyants non-entraînés et peu sûrs qui pensent qu'ils sont en communication avec des dimensions hautement spirituelles enterrées dans le cœur ~~noyau~~ de la terre. En une respiration, ils rejettent les enseignements « I AM » et dans la suivante, ils creusent sous la surface de la terre pour vénérer des êtres souterrains. N'y a t-il pas de fin à ces insanités? Tous ceux qui pensent que leur plan d'âme comprend de telles pratiques sont grossièrement mal conduits. Élevons notre regard vers notre « Dieu intérieur ».

La fiabilité du Porteur de Lumière doit être prouvée

Être impliqué dans les procès et les tourments que vous rencontrerez sur la voie pour accomplir votre mission d'âme sont les nombreux tests de votre fiabilité. En tant que porteur de lumière vous appartenez le plus vraisemblablement à un ashram d'un Maître situé sur le plan mental supérieur. Des initiés de votre Maître d'ashram ont été chargés de vous rappeler votre plan d'âme pour déterminer en premier votre fiabilité et votre engagement avant que plus ne vous soit révélé. Fiabilité, cohérence et persistance sont toutes les qualités que la Hiérarchie Spirituelle recherche. Votre âme est en accord complet pour évaluer votre personnalité sur ces qualités afin de se préparer pour le service divin.

Ch 7 Mettre en œuvre le plan de votre âme

Premièrement et avant tout, vous devez adhérer à la moralité élémentaire de la société. Vous ne pouvez attendre de la Hiérarchie Spirituelle qu'elle vous considère fiable si vous êtes un voleur en col blanc, malhonnête, ou accroché à la drogue. Il serait déraisonnable de penser que les Maîtres devraient être aussi magnanimes! Ils devraient continuer de vous aimer pour qui vous êtes réellement en tant qu'âme mais devraient vous estimer peu fiable comme l'un de leurs « coureurs » faisant le travail sur le plan terrestre.

Deuxièmement, vous serez évalué à fond sur vos véritables motivations à vouloir servir. Même si vous menez une vie morale exemplaire, ne vous attendez pas à ce que les Maîtres se précipitent sur vous et vous confient des secrets occultes ou des missions sans vous faire passer par des tests et des épreuves. Beaucoup de personnes peuvent croiser votre voie et vous offrir des distractions qui sont tout à fait attrayantes au sens matériel. Certaines peuvent vous offrir de l'argent, des services ou des commodités pour être admis dans vos bonnes grâces et alors vous tromper. Vous devez objectivement évaluer ces offres et méditer sur leur validité pour déterminer si elles font authentiquement partie de votre projet divin. Si elles n'en font pas partie, alors refusez-les, peu importe à quel point l'offre soit alléchante ou que vous ayez besoin d'argent.

Le porteur ou la porteuse de lumière doit examiner ses mobiles avec beaucoup d'honnêteté. Les Maîtres doivent tester chacun de vos mobiles. Travaillez-vous pour eux avec un agenda caché qui demande une compensation monétaire, de la gloire, ou de la reconnaissance? Cherchez-vous vraiment à devenir un gourou spirituel qui attire beaucoup d'adhérents de manière à pouvoir vous enrichir? De surcroît, faites-vous la promotion de vous-même à la place de la vérité ou du plan divin? Devenez-vous facilement la victime des flatteries du plan astral et êtes-vous ainsi soumis à leurs incitations?

Davantage d'aide de votre ashram spirituel et de votre Maître

Chaque porteur de lumière appartient à l'ashram d'un Maître. Mais juste le fait d'avoir des capacités psychiques ne signifie pas que vous pouvez invoquer l'apparition d'un Maître. Ils se mettront en contact avec vous, et non le contraire. Vous avez développé une relation avec votre Maître depuis d'innombrables années, et le Maître connaît votre âme à l'intérieur comme à l'extérieur. Si cette incarnation est au-dessous de vos attentes et des leurs, ils peuvent employer d'autres moyens pour vous réveiller et vous ramener sur la Voie. Cela devrait être un contact direct à travers une apparition physique ou des rêves très nets. Ainsi dans de très, très rares occasions, un Maître peut se matérialiser pour communiquer quelque chose d'important ou pour faire passer un point essentiel.

Un porteur de lumière soupira, « Si seulement, je pouvais rencontrer un Maître face à face, alors peut-être je connaîtrais le but de mon âme. » Le voudrait-il vraiment? Voudrait-il faire les pas nécessaires pour mettre en œuvre son plan d'âme ou voudrait-il obtenir d'autres prérequis pour faire cela? Les expériences passées ont démontré que même quand une telle intervention a été utilisée, le taux de succès d'éveil est resté faible.

Pendant une période assez longue la Hiérarchie

Ch 7 Mettre en œuvre le plan de votre âme

Spirituelle employa la manifestation de phénomènes pour attirer l'attention des gens, particulièrement à travers le mouvement Spirite. Les gens dès lors devinrent fixés ou obsédés avec le phénomène au lieu des buts de leurs âmes! Pour cette raison, il fut décidé que si le porteur de lumière était suffisamment motivé pour creuser profondément à l'intérieur de son âme pour obtenir les réponses, un taux de succès supérieur pourrait possiblement être obtenu. Le Maître St. Germain déclara une fois :

> (Je suis venu) de telle manière que chacun d'entre vous apprenne vraiment
> qu'il existe cette chose la manifestation.
> Ce ne sont pas toujours des objets phénoménaux
> Ce n'est pas toujours de la fumée
> Qui sort de la gorge d'un médium
> Mais c'est plutôt ce quelque chose qui fait d'un homme
> Quelqu'un dont le feu céleste est allumé...
> Par Son amour ou Son très, très grand dévouement![35]

C'est stupéfiant comment certains médiums ou voyants organiseront des rencontres prétendront évoquer les Maîtres pour fournir un divertissement spirituel à une audience lors d'une soirée d'hiver ennuyeuse. Vous ne pouvez pas invoquer les Maîtres à venir et à divertir un groupe de gens. Vous ne pouvez non plus ni vendre des billets pour une telle occasion. C'est un emploi abusif grossier et un manque de respect envers ces êtres avancés et merveilleux. Et étant donné que les Maîtres ne

---

[35] D'après le « Message de Bienvenue" du Maître St. Germain sur www.sanctusgermanus.net.

seront pas utilisés dans de telles voies avilissantes, des entités astrales interviendront volontiers et babilleront certains mots qui sonnent bien et que n'importe qui peut trouver sur l'Internet. Si l'entité satisfait l'audience, alors pourquoi ne pas attendre un peu plus et posséder certains des faibles dans la salle. Attention! Celui-ci N'EST PAS un Maître mais une entité qui est en train de tromper une assistance entière de personnes.

En général, les Maîtres communiquent à travers votre esprit super conscient et non à travers vos oreilles. C'est une communication plus sûre et cela aide la personne à distinguer entre les voix astrales et les véritables communications hiérarchiques. Vous recevez des messages sous forme d'intuitions ou de forme-pensées à travers l'âme. Ces messages sont susceptibles d'être des rappels de ce qui est déjà écris dans votre plan d'âme plutôt que vous ordonner d'acheter cette maison ou d'aller çà et là.

De plus, les messages des Maîtres concernent le grand public, car leur amour de l'humanité et leur engagement à faire la volonté de Dieu affecte toute l'humanité, pas seulement une personne particulière. Ils ne communiquent pas pour vous conseiller des stratégies d'investissement, gonfler votre ego, vous divertir avec des subtilités, vous conseiller sur votre relation avec votre conjoint, prendre vos décisions terrestres personnelles à votre place, ou vous dorloter parce que vous ne pouvez pas remplir votre mission.

Les communications des niveaux supérieurs de la Hiérarchie Spirituelle ont de la substance. Vous pouvez lire, écouter, relire leurs messages et à chaque fois retirer quelque chose d'eux. Ils sont à

Ch 7 Mettre en œuvre le plan de votre âme

plusieurs niveaux et neutres. Ils sont rarement personnellement adressés, toutefois le message devrait s'appliquer à votre vie.

Si les Maîtres commencent à communiquer avec vous, cela devrait être à un stade qu'ils (pas vous) ont déterminé avec votre âme que vous êtes digne de confiance et suffisamment prêt pour exécuter votre part du Plan Divin. Leurs conseils consisteront en rappels et suggestions pour vous aider dans l'exécution de votre plan d'âme individuel tel qu'il s'intègre dans le Plan Divin pour l'Humanité. Tous doivent s'alvéoler ensemble, se structurer en nid d'abeille, pour faire le tout.

Une idée fausse flottant autour des arènes du mouvement du Nouvel Âge est celle-ci « Ne t'inquiète pas, mon cher, il ne te sera jamais demandé de faire quelque chose que tu n'es pas capable de faire ». C'est vraiment gentil et réconfortant mais tellement loin de la vérité! Voyons les choses d'une autre manière, tentons une autre voie. Il vous sera demandé de faire quelque chose qui étirera tous vos moyens pour l'accomplir, et bien plus. Comment la Hiérarchie peut-elle tester votre fiabilité si la tâche est toujours à l'intérieur des limites de votre zone de confort?

Une fois que vous aurez été mis à l'essai et testé pour la fiabilité, le Maître peut alors vous confier certaines tâches très difficiles à accomplir pour la Hiérarchie Spirituelle, toutes en accord avec votre plan d'âme. Certaines pourraient même impliquer le contact avec les Forces des Ténèbres par des moyens clandestins où votre vie terrestre pourrait être en danger et c'est à ce moment que la question de base de votre propre engagement à la mission surgit: votre vie a-t-elle pris plus d'importance que les objectifs du Plan Divin auquel vous vous êtes porté volontaire pour accomplir avant cette incarnation? C'est une dure question, et une que tout initié sur la Voie doit rencontrer. Vous êtes laissé seul à décider quoi faire à une telle croisée des chemins. Personne d'autre ne peut prendre cette décision pour vous.

Découvrir votre plan d'âme sera nécessairement une étape importante qui changera votre vie. La découverte prendra place pas à pas, car quand vous exécuterez chaque étape, vous serez aussi mis à l'épreuve et testé. Pour faire partie d'un projet aussi grand que le Plan Divin, cela exige d'une personne qu'elle soit engagée, persévérante et fiable. La Hiérarchie Spirituelle ne va pas transiger sur la qualité, même si les porteurs de lumière quittent le droit chemin et que les forces de lumière s'amenuisent. La Hiérarchie Spirituelle n'acceptera jamais moins que le meilleur, et si cela signifie attendre jusqu'à ce que plus de porteurs de lumière se réveillent pour exécuter le plan qu'ils promirent de faire avant cette incarnation, alors les souffrances du monde seront prolongées.

Le karma du monde devient critique, conjointement avec la fin du cycle sidéral, et prêt ou pas, d'énormes changements auront lieu. Combien de peine et de souffrance l'humanité doit-elle subir durant ces changements dépendra si les forces de lumière se présentent comme promis.

Épilogue

L'évolution de l'humanité n'est pas sans direction. Elle est tournée vers la Quatrième Dimension comme un Plan Divin complexe et de longue portée. À notre époque, nous assisterons seulement aux premiers pas dans un nouvel âge et une nouvelle dimension; et selon votre plan individuel, vous pourriez visiter l'évolution progressive de ce projet par des incarnations ultérieures, ou vous serez témoin de cela et vous guiderez ceux qui oseront s'incarner.

Des opportunités sans limites au-delà de notre imagination émergeront des cendres du système actuel. La nouvelle société ne sera plus fondée sur l'ambition, l'argent, le pouvoir politique, et l'égocentrisme. Tous les habitants apprendront à exprimer les empressements de leurs âmes, et quand cela arrivera, la société humaine dans son entier réclamera la voie de l'évolution juste. La société fondée sur le JE SUIS ouvrira d'incalculables capacités et opportunités pour tous parmi les habitants de la terre.

C'est la grande promesse du Nouvel Âge qui sera déployée après que la terre se sera nettoyée elle-même. De regarder au-delà de l'agitation actuelle et voir la grande promesse qui s'étend au-delà devrait être la première motivation de tout porteur de lumière qui reprend la croix et s'engage avec assiduité à purifier et à guérir la terre.

www.ingramcontent.com/pod-product-compliance
Lightning Source LLC
Chambersburg PA
CBHW061255110426
42742CB00012BA/1930